AF276094

Veronese

Paolo Veronese
El tesorero de la pintura

Humberto Huergo Cardoso
Edición, traducción y epílogo

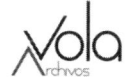

www.archivosvola.es

removiendo el acervo

© Humberto Huergo Cardoso, 2025

© Archivos Vola, Madrid, 2025

Todos los derechos reservados

ISBN: 978-84-129820-2-2

D. L: M-10746-2025

Impreso en España

Índice

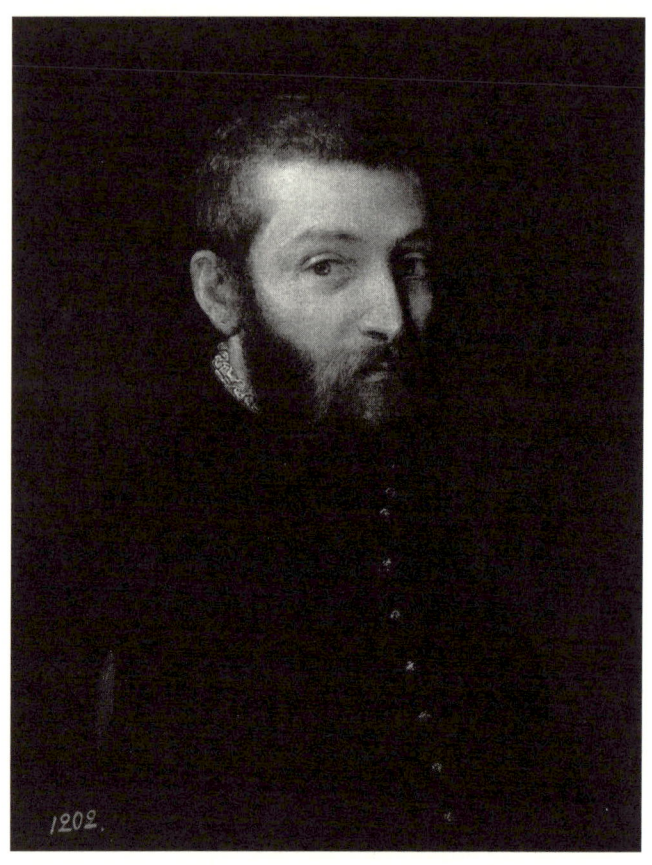

Paolo Caliari conocido como 'il Veronese'

(Verona, 1528-Venecia, 1588)

Autorretrato, ca. 1560, Hermitage, San Petersburgo

Esta edición recoge cinco escritos sobre el pintor veneciano Paolo Veronese (Verona, 1528-Venecia, 1588),
publicados entre 1648 y 1699, además de un artículo de
José Moreno Villa (segunda mitad del siglo XX), un epílogo nuestro y un listado de las obras citadas. Los textos
del siglo XVII en italiano y francés se traducen al español
por primera vez. Los autores y títulos son:

1. Carlo Ridolfi, Extractos de la "Vita di Paolo Caliari
   Veronese, pittore". En *Le maraviglie dell'arte, ovvero, Le
   vite de gl'illustri pittori veneti*. Venecia: Giovanni
   Battista Sgava, 1648, pp. 283-284 y 331-335.
2. Marco Boschini, "Paolo Caliari Veronese". En *Le ricche
   minere della pittura veneziana*, 2ª ed. ampliada.
   Venecia: Francesco Nicolini, 1674, s. p.
3. Marco Boschini, "Invenzione". En *Le ricche minere
   della pittura veneziana*, 2ª ed. ampliada. Venecia:
   Francesco Nicolini, 1674, s. p.

4. Marco Boschini, Extracto de *La carta del navegar pitoresco* (Venecia, 1660) sobre *Las bodas de Caná* de Veronese. Ed. de Anna Pallucchini. Venecia: Istituto per la Collaborazione Culturale, 1966, pp. 206-215.

5. Roger de Piles, "Réflexions sur les ouvrages de Paul Véronèse". En *Abrégé de la vie des peintres*. París: Charles de Sercy, 1699, pp. 278-283.

Nuestra edición complementa la realizada en inglés por Salomon 2014, que reúne las "vidas" de Vasari, Borghini y Ridolfi, pero no las importantes "reflexiones" de Boschini y Piles, que acaso sean lo mejor que se escribió sobre el artista en la época.

Las notas de los textos se limitan a lo mínimo indispensable para comprender sus múltiples referencias artísticas e históricas : términos técnicos relativos a la pintura (*esbatimento, actitud, lejos, colores cambiantes*) y la vestimenta (*cuchilladas, sobreropa largueada, calzas afolladas*), los nombres de artistas poco conocidos (Villamena, "Chiliano", Aliense) y los títulos de obras.

El artículo de José Moreno Villa (Málaga, 1887-Ciudad de México, 1955) que abre la antología se publicó originalmente en "México en la cultura", el suplemento cultural del destacado diario mexicano *Novedades*, en el que colaboraba la élite intelectual mexicana y del republicanismo español de la época. El artículo se reproduce aquí por primera vez desde su publicación en el año 1953 y forma parte de un libro del autor que nunca vio la luz, titulado *Para mirar pinturas o Prácticas de visión*. Como introducción, en cuatro o cinco folios, a la obra de Paolo Veronese, es insuperable.

Nuestro estudio se titula "La vía del capricho. El *panneggiare* en la pintura de los siglos XVI y XVII" y aborda las normas del plegado de los paños –el famoso "pliegue" de Gilles Deleuze (1989 y 2006)– en la preceptiva artística de la época y su manifestación en la obra de Veronese, quien era famoso por "la invención de trajes decorosos y extravagantes" (Boschini).

Salvo indicación contraria, todas las traducciones de los textos citados en el cuerpo del estudio y en las notas al pie son nuestras. Las referencias bibliográficas incluyen únicamente el apellido del autor, el año de publicación de la obra y el número de la página o del folio, de la siguiente manera: Baldinucci 1681, p. 117. La referencia completa se encuentra en la sección Obras citadas que aparece al final del estudio: Baldinucci, Filippo, 1681. *Vocabulario toscano dell'arte del disegno*. Florencia: Santi Franchi al Segno della Passione.

El título del libro *Paolo Veronese, el tesorero de la pintura*, se debe a Boschini y alude a la suntuosidad de sus cuadros: "Deve il gran Paolo Caliari Veronese chimarsi el tesoriero della pittura".

Sobre la fortuna de Veronese en la España del Seiscientos, ver Lorente Junquera (1969), Pérez Sánchez (1990), Puppi (2007), Ruiz Gómez (1987 y 1991, pp. 115-157) y Ruiz Manero (2000, 2002 y 2005). Como concluye Pérez Sánchez: "Frente a Tiziano, Veronese permanece siempre en un segundo plano para los españoles, pero la presencia de sus bellas obras, junto a la indiscutible fuerza de su personalidad, han dejado al menos una huella en la historia de la pintura española del Siglo XVII" (1990, p. 106). Palomino subraya su influencia en pintores como Angelo Nardi (1986, p. 151), Sebastián de Herrera (1986, p. 230) y José Donoso (1986, p. 298). Su huella en la obra de Velázquez, quien trajo varios cuadros suyos de Italia (Palomino 2008, p. 38), también es conocida.

En el mundo suntuoso y poblado
de Pablo Veronés (1953)[1]

José Moreno Villa[2]

Nació Pablo Caliari en Verona, por lo que le llamaron "El Veronés". Su padre fue escultor,[3] y como es natural, influyó en sus primeros años de aprendizaje. Dicen que

1. Publicado originalmente en México en la Cultura, el suplemento cultural del extraordinario periódico *Novedades*, el 2 de agosto de 1953, p. 4. Se reproduce aquí por primera vez desde su fecha original de publicación. Moreno Villa publicó decenas de artículos sobre arte en el mismo suplemento, muchos de los cuales siguen sin ver la luz. Para una selección parcial, ver Moreno Villa 2001.

2. Escritor y pintor español nacido en Málaga en 1887. Además de publicar decenas de artículos de arte en los principales diarios y revistas de la España de la época, fue Secretario de redacción de la revista *Arquitectura* (1927-1931) en plena efervescencia del "estilo internacional", y mano derecha de Jiménez Fraud en la Residencia de Estudiantes de Madrid, donde vivió entre los años 1917 y 1936, y donde trabó amistad con Lorca, Buñuel y Dalí. Tras el estallido de la Guerra Civil española, se exilió en México, donde publicó una decena de obras, entre las que destacan *Cornucopia de México* (1940), *Lo mexicano en las artes plásticas* (1948) y su preciosa autobiografía, *Vida en claro* (1944). Murió en la Ciudad de México en el año 1955. Para una selección de sus memorias sueltas, ver Moreno Villa 2010 y 2011. Para su poesía, ver Moreno Villa 1998 y 2021.

3. Su padre fue escultor. Aunque se conoce alguna que otra escultura suya, más que escultor, era un humilde cantero o *spezapreda*.

un tío suyo influyó más,[4] pero estos datos no se pueden evaluar si no son muchos y firmados por el autor. No cabe duda de que las impresiones de niñez y mocedad dejan un rastro en nosotros para toda la vida, pero hace falta que esas impresiones sean recogidas por alguien y puestas en relación con el desarrollo de nuestra personalidad y los actos de nuestra vida total.

Los actos de Pablo Veronés son sus obras a partir del año 1553, cuando se establece en Venecia. Antes anduvo estudiando en varios lugares lejanos: en Castelfranco, Vicenza, Mantua. En la catedral de esta última dejó su cuadro de *Las tentaciones de san Antonio*, hoy en el Museo de Caen.[5]

Cuando llegó a Venecia, ya su nombre era una garantía. Y no contaba más que con 25 años. En seguida empezó a pintar los techos de las tres grandes Salas de Consejo del Palacio Ducal, donde también trabajaba el ya maduro Ticiano Vecellio. Los títulos de los asuntos pintados allí son *Júpiter fulminando a los Vicios*,[6] *Juno volcando tesoros sobre Venecia*,[7] *La Vejez y la Juventud*.[8] Cabe fijarse bien

---

4. Se refiere al pintor Antonio Badile, que en realidad no era tío de Veronese, sino solamente uno de sus primeros maestros, junto con Giovanni Caroto.

5. 1552-1553, Musée des Beaux-Arts, Caen.

6. H. 1553-1555, Musée du Louvre, París.

7. H. 1554-1556, Palazzo Ducale, Venecia.

8. H. 1554-1556, Palazzo Ducale, Venecia.

en estos títulos para deducir por qué se le tenía por gran inventor de maquinarias decorativas, es decir, de composiciones vistosas, inspiradas en la mitología, en la Biblia o en los mitos populares.

Estas grandes máquinas alegóricas, mitológicas, simbólicas o religiosas fueron invención de Miguel Ángel. Sin su antecedente, el Veronés no las hubiera acometido, como tampoco Tintoretto. Se diferenciaban de las de Buonarroti en el carácter de dramatismo y titanismo, pero coincidían con ellas en mover con soltura los cuerpos en todas direcciones y en no pintar más que cuerpos sanos y robustos. El Veronés no sufre; al menos no le gusta que sufran sus criaturas. Ni siquiera piensan. Su mundo espiritual carece de complicaciones. Ni se preocupa en buscar el ambiente propio de los asuntos religiosos que pinta. Lo que le importa en ellos es mover o jugar bien las masas, las luces y los colores. Sin por eso acercarse a Tintoretto ni a Ticiano.

Hemos citado los colores y no estará de más el decir que entre todos los colores hay uno que lleva su nombre: verde Veronés. Pocos pintores han logrado inventar un matiz de color que obligue a los fabricantes a fabricarlo. Por ahí hay una tierra Van Dyck, pero lo usual es que los colores ostenten nombres de lugares, de tierras o de piedras: rojo veneciano, tierra de Siena, azul de Prusia, verde esmeralda.

El lujo es otra de las características de su estilo. Por esto tiene menos desnudos que Miguel Ángel y que Tintoretto. Las telas, los damascos, los brocados, las sedas le servían para dar escape a su pasión cromática, tan oriental, tan cálida.[9] Y el lujo lo exigía también en los escenarios. Recordemos la escenografía suntuosa de las comidas de *Simón el fariseo*,[10] de las *Bodas de Caná*[11] o de la *Casa de Leví*.[12]

Solo un hombre como Veronés, y viviendo en un ambiente como el de la Venecia de entonces, puede interpretar la escena de *Moisés salvado de las aguas* del Nilo como se ve en su maravilloso cuadro del Museo del Prado.[13] El lujo de los vestidos de aquellas damas es tan brillante, que compiten con el celaje azul y plata, y con las arquitectónicas ramas y hojas de los árboles. Este cuadro no es solamente una de las joyas del Museo; es también una de las lecciones más completas que cabe del arte veneciano del XVI.

Veronés no se aviene con la pobreza; no la concibe como tema pictórico. Cualquier pasaje bíblico –la cena de

9. Ver el epílogo.
10. Existen dos versiones distintas: *La cena en casa de Simón* (1570, Pinacoteca di Brera, Milán), que debe ser la que tiene en mente Moreno Villa; y *La cena en casa de Simón* (1555-1556, Galleria Sabauda, Torino), un poco más modesta.
11. 1563, Musée du Louvre, París. Ver infra "Las bodas de Caná", de Boschini.
12. 1573, Gallerie dell'Accademia, Venecia.
13. H. 1580, Museo del Prado, Madrid.

Emaús,[14] Jesús entre los doctores,[15] la Anunciación–[16] lo sitúa en un medio colosal y rico de imponentes construcciones.

Del Veronés pasaron estos fondos suntuosos a Rubens y, más tarde, a Tiépolo, el último grande de los venecianos. Ya no sorprende por desconcertante ver a la Sagrada Familia moviéndose entre voluminosas columnas y cortinajes;[17] tampoco nos parece inapropiado el ámbito palacial en que ocurre el misterio de la Anunciación. Para él lo importante era lo ya dicho: el lujo. Por eso no tiene empacho en presentar a la sagrada y pobre familia recibiendo a los Reyes Magos en el soberbio pórtico de un palacio.

Claro es que tales arquitecturas tienen también la función tectónica o de componer. No son meros elementos

14. Existen dos versiones: *La cena de Emaús* (h. 1559-1560, Musée du Louvre, París) y *La cena de Emaús* (mediados de 1570, Museum Boijmans Van Beunigen, Róterdam). Moreno Villa debe de referirse a la primera.

15. H. 1560, Museo del Prado, Madrid.

16. Tiene varias, sin contar las obras de taller: *La Anunciación* (1558, Basilica dei Santi Giovanni e Paolo, Venecia); *La Anunciación* (1578, Gallerie dell'Accademia, Venecia); *La Anunciación* (h. 1580, Museu Nacional d'Art de Catalunya, Barcelona); *La Anunciación* (1583, Monasterio de San Lorenzo de El Escorial), y otras.

17. Por la descripción, parece aludir a *La Sagrada familia con san Juan Bautista, san Antonio Abad y santa Catalina* (1551, Iglesia de San Francesco della Vigna, Venecia), una de las obras más conocidas del pintor.

decorativos. En uno de los cuadros donde se ve mejor el papel funcional es en el de Jesús discutiendo con los doctores. La columnata en curva penetra como un cuerno en el espacio, marcando su profundidad y su grandeza. Sin ella, y sin los zócalos, escalinatas y galerías, hubiera quedado deslavazado y sin tamaño el grupo de doctores, y no hubiera adquirido ese relieve destacado la figura de Jesús. Si a Rubens le presta el Veronés los balaustres y las columnas salomónicas que vemos, por ejemplo, en *Damas al balcón*, de la Villa Barbaro,[18] a Tiépolo le transmite los esfuerzos violentos de las arquitecturas en fuga que hieren los cielos como proas de naves fantasmas.

Aparte de estos recursos legítimos de que se vale el pintor para llenar espacios inmensos –telas de largo metraje, que diríamos–, apela también a pintar en sus enormes agrupaciones humanas una porción de personas, personajes y personillas por simple recreación, como para divertir a los espectadores. Esta costumbre le valió un proceso con la Inquisición. Las declaraciones del Veronés en este proceso inquisitorial son de una desenvuelta o fresca mueca regocijada. Reconoce que en un determinado cuadro sustituyó a la Magdalena por un perro porque ganaba en armonía la composición. La Inquisición le censura también que introduzca tantas figuras secundarias en escenas

18. *Giustiniana Giustiniani Barbaro con la nodriza* (1560-1561, Villa Barbaro, Maser).

tomadas de la Biblia, a lo cual responde que Miguel Ángel puso muchas más en el *Juicio Final*. Los inquisidores le contestaron que los del *Juicio* eran necesarios, pero que con los textos bíblicos nada tenían que ver tantos bufones, enanos, monos, perros, músicos, negros, borrachos o cortesanas, como se ven en *La cena en casa de Levi*, *Las bodas de Caná* o *El banquete en casa del fariseo*. En *Las bodas de Caná* se retrató a sí mismo tocando el violín, y en compañía de Ticiano, que tiene el violín o contrabajo.

Algunas veces las actitudes de sus personajes resultan teatrales, pero esto es frecuente en el arte italiano. En *La cena de Leví* hay una figura a la derecha que parece un barítono en plena canción.

Como obra opuesta a estas grandes masas y mucho movimiento, señalaré la suave *Visión de santa Elena*, que se conserva en la National Gallery de Londres.[19] Obra original de composición y de indudable emoción poética, a la par que de una brillantez cromática pocas veces conseguida.

También es interesante un cuadro que tiene la Galería Corsini de Roma, titulado *Vanidad*,[20] que es casi idéntico

19. H. 1578, The National Gallery, Londres. La serenidad de la obra se debe en parte a que el lienzo original ha sido cortado, no a la voluntad de Veronese.
20. Debe de referirse a *Venus ante el espejo* (h. 1585, Joslyn Art Museum, Omaha, Nebraska).

al de Ticiano, titulado *El tocado de Venus*, publicado hace dos semanas en este *Suplemento*.[21] Comparando estas dos obras se ve la diferencia temperamental entre ambos pintores.

Al Veronés no hay que pedirle penetración psicológica. Su poderío está en la plasticidad y el manejo de la luz. Luz y forma al servicio del goce visual: sensualidad para todos, como la dominante en aquella Venecia. Por eso es un pintor representativo.

21. El suplemento "México en la cultura", donde Moreno Villa colaboraba casi semanalmente, junto con otros exiliados republicanos.

Vida de Paolo Caliari Veronese, pintor
(1648)[1]

Carlo Ridolfi[2]

No bastan la facundia de los oradores ni las hipérboles de los poetas para explicar plenamente las bellezas de la pintura, que, no siendo sino un compendio maravilloso de los efectos de la naturaleza (que al ser notados por el ojo, permanece engañado por las apariencias), confunde todo estilo y esteriliza toda vena para hablar de ella con

1. Selecciones de la "Vita di Paolo Caliari Veronese, pittore". En *Le maraviglie dell'arte, ovvero, Le vite de gl'illustri pittori veneti. Parte prima* (Venecia: Giovanni Battista Sgava, 1648), pp. 283-336; pp. 283-284 y 331-335.
2. Pintor de segunda fila y tratadista italiano, nacido en Lonigo, en la provincia de Vicenza, en 1594. Aunque no tan incisivo como Boschini y Piles, es el biógrafo de Veronese más autorizado de su época. La "Vida de Veronese", publicada cuarenta años después de la muerte del pintor, es esencialmente una reseña pormenorizada de sus obras. Nosotros, por el contrario, nos hemos centrado en las secciones del texto relacionadas con Veronese como pintor, tales como sus influencias artísticas, su rivalidad con Tiziano y Tintoretto, algunos rasgos de su personalidad y sus dichos más memorables. Ridolfi murió en Venecia en 1658. No existe una traducción previa al español, pero sí una traducción íntegra al inglés del año 2014, realizada por Xavier F. Salomon (2014). Las notas del texto se limitan a lo estrictamente necesario.

propiedad. […] Pero, dado que de tan digna materia apenas se puede razonar, sea más apropiada alabanza meditar sobre ella en silencio y con las obras de los autores excelentes, y en particular las de Paolo, demostrar sus bellezas, concordando las opiniones de todos los entendidos en que éstas han conseguido el principal fin del arte, deleitando de una manera nunca antes practicada por otro pintor, admirándose en sus peregrinas pinturas majestuosas divinidades, graves personajes, matronas llenas de gracia y hermosura, reyes vestidos con ricos adornos, diversidad de paños y vestimentas militares,[3] espléndidas arquitecturas, plantas alegres, animales hermosos y tal cantidad de curiosidades, que bien pueden satisfacer la vista de quien las mira con suavísimo contentamiento, donde queda clarísimo el lugar preeminente que ocupa entre los más insignes pintores de la edad moderna. […]

Paolo, pues, como indicamos al principio, fue dotado por el Cielo de un temperamento singular para tal arte, aplicándose desde niño a los estudios y trabajos. En los primeros tiempos de su formación, copió a punto las obras de Badile,[4] su maestro, y los grabados de Durero, conservando en la hechura de los paños algunas carac-

---

3. Ver el epílogo.
4. Antonio Badile (Verona, 1518-c. 1560), con cuya hija, Elena Badile, se casó en el año 1566.

terísticas de los pliegues de ambos, aunque pintándolos de manera más suelta y expedita.[5] Ya adulto, se recreó con los dibujos de Parmigiano,[6] copiando muchos de ellos. Aprendió de buenos relieves (como siempre han hecho los grandes pintores) la gallardía de los contornos,[7] la robusta musculatura, el tratamiento de las sombras y los enérgicos esbatimentos que se producen a la luz de la lámpara, ya que en la naturaleza resultan más lánguidos.[8] Entre sus bienes aún se conservan muchas cabezas, brazos y figuras de yeso de origen antiguo, de los cuales Paolo se valió en diversas ocasiones (como ya hemos dicho) en las obras del Consigli dei Dieci[9] y en otros luga-

5. Se queja el flamenco-neerlandés Karel van Mander en *La fundación del noble y libre arte de la pintura* (1604): "El honor de los bátavos y los alemanes, / Lucas [van Leyden] y Albrecht [Dürer], sobre quienes el coro de las musas derramó / sus dones, los italianos / han sabido aprovechar en sus grabados / y el correspondiente estilo de sus paños, / quizá más de lo que el juicio de cualquiera podría suponer, / porque ellos, siendo astutos y hábiles, / han sabido cómo alterar [sus fuentes] ligeramente" (Melion 2022, p. 316).

6. Francesco Mazzola (Parma, 1503-Casalmaggiore, 1540), mejor conocido como *Parmigianino*, 'el pequeño parmesano', por ser bajo de estatura.

7. *Contorno*. "La delineación o perfil exterior que circunda la figura" (Palomino 1988, t. 1, p. 659).

8. *Esbatimento*. "La sombra que causa un cuerpo en otro, mediante la luz" (Palomino 1988, p. 662).

9. Las pinturas en la Sala del Consejo de los Diez, en el Palacio Ducal de Venecia, una de las salas más emblemáticas de este edificio.

res. Algunos creían, sin embargo, que, habiendo hecho tantas obras, ello se debía a aquellos caprichos y ornamentos, y que tuviese en su casa un cúmulo de modelos adornados con trajes diversos y pelucas peinadas de varios modos, de los que suelen hacer acopio muchos pintores. Pero valiéndose solamente de una feliz retentiva, formaba las cosas vistas con la sola imaginación, a las cuales su ingenio siempre añadía gracia y nobleza.

Tuvo también por fin imitar la naturaleza, fin que todo pintor se propone, pero ¡desdichado aquél que no sabe apartarse de la pura imitación, por los defectos de los que está llena! Mas siendo Paolo de noble genio, y no contentándose con formas ordinarias, las embelleció; y le fue de gran provecho el haber practicado con maestría la *maniera* veneciana que ha iluminado a todos los pintores,[10] mejorando la calidad del colorido desde que llegó a Venecia y se dio cuenta de que el estilo de Tiziano y de Tintoretto era el más alabado por ser el que más se acercaba a la naturaleza.[11] Y teniendo que medirse en varias ocasiones con el mismo Tintoretto, tuvo ocasión de ejercitar su intelecto, viendo cómo competían estos dos sublimes

10. La *maniera* veneciana. La "maniera colpeggiata" o el 'estilo golpeado' de la llamada pintura de borrones. Ver la nota 13.
11. *Colorido*. Del italiano, *colorito*. No se refiere sólo a los colores, sino a "aquella composición y apacible unión de colores que de la aplicación de ellos resulta en una pintura" (Palomino 1988, t. 1, p. 658).

ingenios, tratando de superarse uno al otro con la virtud, que muchas veces sembraron la duda en el juicio del mundo respecto a sus obras.[12] Pues si Tintoretto aborda en muchas de sus obras las mayores dificultades del arte, componiendo figuras con formas rebuscadas y vivaces posturas, y con gran *maniera* y energía de colorido,[13] expresando pensamientos tan ingeniosos que fueron insuperables, Veronese igualmente, gracias a sus majestuosas invenciones, la hermosura de los asuntos, la dulzura de los rostros, la variedad de las expresiones y los encantos e infinitos alicientes que entretejió en sus obras, dotándolas de aquella elegante simetría que conocemos como gracia, se considera que embelleció la pintura con todo tipo de pompa y ornamento. De manera que, perplejos ante contiendas tan cerradas y peregrinas, no se puede sino con-

12. En italiano: *Si che molte volte lasciarono ambiguo il mondo nel giudizio delle opere loro*. La redacción es confusa. Quiere decir que la calidad de las obras de ambos pintores era tal, que hacía dudar acerca de cuál de los dos sería mejor.

13. En el texto: *Con gran maniera e energia di colorire*. Se refiere a la *pittura di macchie* o pintura de borrones, llamada también "la gran *maniera*" ('el estilo grande') por oponerse al "estilo menudo" de otras escuelas. Norgate lo explicaba así: "Yo he visto cuadros esbozados por un pintor de buena mano que de cerca parecen demasiado toscos, desiguales y desagradables, mientras que a cierta distancia del ojo se ven suaves, ordenados y acabados, un modo de pintar que se llama *la gran maniera* [which way of painting is called *la gran maniera*] y que, sin duda, es el mejor" (Norgate 1919, p. 30).

cluir que uno era el Castor y el otro el Pólux del cielo de la pintura, y que, a modo de nuevos Atlas, ambos sostenían su noble peso, beneficiándonos con el ejemplo de sus pinturas y deleitándonos con las diversas invenciones y con los artificios más esmerados del arte.

Añadimos a los honores de Paolo que no hubo obra importante suya, ya fuese pública o privada, que (tal como sucedió con Tintoretto) no fuera copiada por los estudiosos, a lápiz o al óleo, para aprender aquella nobleza y hermosura que atraen los ojos de todos hacia la contemplación, pues la belleza de los objetos consiste en un encanto que arrebata el corazón.

Acrecentaron mucho también su fama las numerosas invenciones dadas a la estampa por Carracci,[14] como la tabla de *Santa Justina* de Padua, aquélla de los *Desposorios de Santa Catalina* en su iglesia de Venecia,[15] la *Purificación de Nuestra Señora* en el órgano de San Sebastián, reducida a tamaño real por Villamena;[16] el *Crucifijo* de la

14. Agostino Carracci. Son ocho grabados en total, siete realizados en 1582, durante la estancia del artista en Venecia, y el último en 1585. Ver al respecto Bober 2012.

15. O *El Matrimonio místico de santa Catalina* (1582), grabado de Agostino Carracci sobre el cuadro homónimo de Veronese, entonces en el altar mayor del convento Santa Caterina del Sacchi y hoy en día en las Gallerie dell'Accademia de Venecia.

16. Francesco Villamena (Asís, 1564-Roma, 1624). Alude al grabado *Presentación del Niño Jesús en el Templo* (1597).

misma iglesia; y la tabla narrada de San Antonio en San Francisco de la Vigna, grabada por el mismo Carracci, y aquélla de Cristo resucitado, por Chiliano;[17] y dos de los llamados Cenáculos, con otras invenciones impresas en cobre por los grabadores flamencos, que divulgaban continuamente su fama.

Las pinturas dispersas en las galerías más prestigiosas de Europa dan fe del interés universal que los mayores príncipes y señores han tenido por este ilustre pintor, habiendo todos hecho, con excesivos gastos, numerosa acopio de sus obras, sin haber adorno alguno en ningún palacio donde no entre alguna pintura de su mano. Los tapices y los adornos de las habitaciones, tejidos en seda y oro, son valorados por el vulgo por la calidad de los materiales; las pinturas excelentes, por el contrario, son consideradas por los entendidos fruto del ingenio. […]

Pasemos ahora a hablar de las virtudes de su carácter, ya que con frecuencia la virtud se ve ensombrecida por las malas costumbres. Nace el hombre en este mundo para dominar, pero, dado que no todos tienen la suerte de poseer el cetro, nos queda, sin embargo, la posibilidad de sobresalir en honor mediante la virtud y los hábitos morales, como hizo Paolo, quien alcanzó renombre por

17. Lukas Kilian (Augsburgo 1579-1637). Alude a la estampa *La resurrección de Cristo* (h. 1600-1612).

sus numerosas y dignas cualidades. Fue un hombre de pensamientos nobles, que también reflejó en sus obras, pues cada causa produce efectos semejantes a ella. Actuó con sinceridad en sus tratos; nunca hizo cosas con el fin de conseguir un encargo ni envileció su estado con acciones indignas; siempre cumplió con su palabra y procuró la alabanza a través de sus acciones. Usaba vestimentas de calidad y zapatos de terciopelo que aún conservan sus herederos. Gobernó su familia con gran prudencia, manteniendo a sus hijos alejados de la vanidad pública y de hábitos nocivos, e instruyéndolos con piedad en el culto divino y las disciplinas morales (pues un gran pintor siempre es esmerado y circunspecto). Evitó los lujos y fue austero en sus gastos, lo que le permitió adquirir vastos dominios y acumular riquezas y objetos dignos de un caballero, dejando a sus hijos en una posición acomodada, de modo que pudieran vivir con dignidad sin agobios ni estrecheces.

Logró la gracia y el favor de los grandes, así como el aprecio de los maestros y las mercedes de todos aquéllos que llegaron a conocerlo. Y me cuenta el pintor Aliense[18]

18. El pintor grecoitaliano Antonio Vassilacchi (Milo, 1556-Venecia, 1629), llamado "El Aliense" por ser *alienus* o extranjero, como "El Greco". Según Ridolfi, el propio Veronese lo echó de su taller, "viendo en Antonio cierto genio poco común, porque aprendía fácilmente las enseñanzas y daba señales de mucho éxito" (1648b, p. 210). Luego, no es muy cierto aquello de que "nunca envileció su

que, al encontrarse Paolo con Tiziano en la plaza de San Marcos, y tras rendirle el debido respeto, Tiziano lo abrazó afectuosamente, expresando su alegría de verlo, al considerar que él personificaba el decoro y la nobleza de la pintura.[18]

Invitado al servicio de Felipe II, rey de España, para pintar algunas salas del Escorial, rehusó la oferta, ocupado como estaba en las obras del Palacio Ducal y sobrecargado de múltiples asuntos, y lamentando tal vez tener que dejar su propio nido (pues todos añoran vivir en su propia casa), envió en su lugar a Federico Zuccaro,[19] de San Angelo in Vado. […]

Se recuerdan también de Paolo algunos dichos memorables, como que sólo podía emitir un juicio acertado sobre la pintura quien estuviera bien instruido en ella; que la pintura era un don del cielo y que el esforzarse en ella sin talento natural era sembrar en arena;[20] que la parte más digna del pintor eran la sinceridad y la modestia; y que las imágenes de los santos y de los ángeles debían ser ejecutadas por pintores excelentes, ya que debían desper-

---

estado con acciones indignas". Es claro que sólo se rodeaba de pintores mediocres que no le hicieran sombra.

19. Nuevos datos al respecto en Puppi 2007.

20. "Sembrar en arena, necia faena". En el original, "seminare nelle onde", 'sembrar en el mar'.

tar admiración y afecto. Reverenciaba a Tiziano como el padre del arte, y apreciaba profundamente el vivo ingenio de Tintoretto, lamentándose sólo de que perjudicara a los demás pintores al pintar de cualquier manera, lo que, en efecto, era destruir el concepto de la profesión y sus propios recursos.

PAOLO CALIARI VERONESE
(1674)[1]

Marco Boschini[2]

Debe el gran Paolo Calliari Veronese llamarse "El tesorero de la pintura", porque de ella provienen todas las joyas de su precioso erario, así como el poder de esparcirlas a su antojo, de modo que todo el mundo se vea embe-

1. Título original: "Paolo Caliari Veronese". En *Le ricche minere della pittura veneziana*, segunda ed. ampliada (Venecia: Francesco Nicolini, 1674), s. p. No existe traducción previa en ninguna lengua, pero sí una reedición moderna en italiano, sin notas, a cargo de Pallucchini. Ver Boschini 1966, pp. 732-734.
2. Marco Boschini (Venecia, 1602-1681) es el admirador más entusiasta de todos los tiempos de la pintura veneciana y el primero en percatarse con toda claridad de las implicaciones estéticas de la *pittura di macchie* o pintura de borrones, que defendió a capa y espada en varias de sus obras, llamándola "mancha sin mancha", "cicatriz esplendorosa", "tormenta espantosa" y comparándola de forma explícita con las anamorfosis de Mario Bettino. Sus mejores semblanzas son las dedicadas a Tiziano y al "terrible Tintoretto", por el que sentía la mayor admiración. La de Veronese no es particularmente brillante, pero sí aporta datos valiosos sobre su manera de pintar, que alega haber escuchado de boca de Gabriele Caliari, uno de los hijos de Veronese. Sus obras más destacadas son *La carta del navegar pitoresco* (1660) y *Le ricche minere della pittura veneziana* (1664 y 1674), de donde extraemos el texto. Sobre Boschini, ver Dal Pozzolo 2014; y Huergo 2021, pp. 172-182.

llecido por su pincel. Las supremas deidades le han permitido insertar en sus obras sus propios retratos; y por ello, cada figura de Paolo tiene algo celestial. La arquitectura le ha puesto en las manos las plantillas más perfectas y proporcionadas de las que nadie pueda valerse en las fábricas[3] más decorosas. La invención le ha hecho su árbitro, capaz de disponer y colocar los conciertos de las historias, decorándolas con las gravísimas formas y expresiones de personajes tan pomposamente vestidos, que pueden servir de modelos e instrucción para príncipes sobre cómo deben presentarse majestuosos ante el mundo.[4] En resumen, todas las gracias han tenido la ambición de asistirle siempre, por lo que podría llamarse "El deleite del mundo", ya que en él se reúne todo aquello que busca el arte pictórico y el gusto universal.

Con tales prerrogativas operaba Paolo, y primero disponía las formas de las figuras en proporción al tamaño de los lienzos, procurando siempre colocarlas en un espacio amplio, ricamente adornado con majestuosos trozos de arquitectura,[5] sin que abarrotasen el cuadro; y en este

---

3. En la época, "cualquier edificio suntuoso" (*Autoridades*, s. v.).

4. Ver el epílogo.

5. Así en la época: "Exornándolo, si fuere en poblado, con algunos trozos de arquitectura y perspectiva, y si en el campo, con algún pedazo de país ['paisaje'], celaje y arboleda" (Palomino 1988, t. 2, pp. 382-383). Hoy diríamos "elementos arquitectónicos" o "arquitecturas".

aspecto, nadie ha dispuesto los conciertos de las historias con mayor acierto que él ni distribuido las figuras con mayor encanto. Al tomar los pinceles, esbozaba las cosas con tal pulcritud, que era una maravilla.[6] Cierto es que en el colorido recurría a medias tintas en las carnes, en los paños, en los adornos de arquitectura y en todo lo demás. Pero, tras disponer los colores (en particular en los paños) con diestro artificio, se ocupaba de la diferencia entre el adentro y el afuera.[7] Destacaba la masa de los paños con una media tinta y, por lo general, colocaba los azules a la aguada; razón por la cual, al intentar algunos incautos limpiar alguno de sus cuadros, han pintado sin querer los pliegues de los paños más extraordinarios que jamás haya pintado pincel alguno. Así, tras pintar las masas de la manera que he dicho –ya fuesen figuras, ornamentos,

---

6. En el texto: *Con tanta nettezza abbozzava le cose che era una mera-viglia.* Comparar con Tiziano: "Con cuatro pinceladas hacía aparecer la promesa de una figura extraordinaria, y de cualquier modo aquellos aparentes esbozos [*simili abbozzi*] saciaban a los más entendidos, de tal manera que muchos los deseaban como una guía para ver la forma correcta de adentrarse en el piélago de la pintura" (Boschini 1966, p. 711). Alude en ambos casos al estilo abocetado, aunque pulcro –mancha sin mancha–, de la escuela veneciana, en el que, más que una forma palpable, la figura es una "promesa" por cumplirse.

7. En el original: *Se'occupava nella distinzione del dentro e del fuori.* O sea, la diferencia entre lo que queda dentro de la figura y aquello que la rodea; "la diferencia entre forma y fondo", diríamos hoy.

edificios, paisajes, animales o cualquier otra cosa–, y después de disponer cada cosa en su lugar, retocaba las carnes en las zonas claras y oscuras con pinceladas tan resueltas y brillantes, que las hacía (como se ve) parecer vivas, dejando las medias tintas tal como las había distribuido originalmente, de tal forma que se pueden contar todas las pinceladas aplicadas como si fueran perlas, rubíes, zafiros, esmeraldas, diamantes y las joyas más preciosas que nos trae el Levante.

Acostumbraba sombrear los paños con laca,[8] no solo los rojos, sino también los amarillos, los verdes e incluso los azules, y esto (como se ve) lo logró con tal armonía, que no cabe decir más. Después, para iluminarlos, acostumbraba usar el genuli,[9] el oropimente,[10] el rojo y el minio.[11]

8. Según Gisolfi, "la voz italiana [*lacca*] se refiere tanto a los barnices como a los pigmentos de laca", añadiendo que "en la pintura veneciana del siglo XVI, las lacas se aplicaban menudo en finas capas, usadas para sombrear. La laca roja a menudo se usaba con el plomo blanco para crear paños rosáceos" (Gisolfi 2017, p. 241). En la España de los siglos XVII y XVIII se prefería la voz barniz. Así, por ejemplo, Pacheco ("será justo dar aquí alguna luz de las diferencias de barnices que han llegado a mi noticia"); y Palomino ("el baño a barniz que daba Apeles a sus tablas para que cobrasen esplendor").

9. En italiano, *giallolino* o *giallorino*, un tipo de óxido de coloración amarillenta, rico "en viveza y hermosura", dice Pacheco (1990, p. 484). Sobre los pigmentos usados en la pintura veneciana del Quinientos, ver Gisolfi 2017, pp. 239-243. Sobre las preferencias de Veronese, ver Thornton: "Veronese, como otros maestros de la pintura veneciana de finales del siglo XVI, utilizó la gama completa de

Nunca velaba los paños,[12] fuesen del color que fuesen, de modo que si en un cuadro considerado de Paolo se ve un paño con veladuras, conviene estudiarlo con detenimiento para no engañarse. Y si el toque de las carnes no tuviera aquel brillo tan alegre y vivaz, es probable que fuera más bien de Benedetto, su hermano,[13] o de Carletto, su hijo,[14] que también fueron seguidores de aquella bella

pigmentos disponibles en los mercados venecianos, a saber: negro de carbón, malaquita, carbonato de cobre, resina de cobre, azul ultramarino, azurita, vidrio de cobalto, bermellón, carmín, índigo [pigmentos de laca], minio, oropimente, rejalgar, genuli, litargirio, betún y blanco de plomo (1990, p. 151)

10. Sulfuro de coloración anaranjada.

11. "Color de muy gran precio, que corresponde a nuestro bermellón, excepto que era aquél natural y el nuestro es artificial" (Plinio el Viejo, *apud* Pacheco 1990, p. 445).

12. "Entre nuestros artífices, *velar* [*velare*] significa teñir con poco color y mucha témpera el colorido en una tela o tabla, de modo que este no se pierda de vista, sino que quede algo atenuado y agradablemente oscurecido, como si tuviera sobre sí un velo muy sutil" (Baldinucci, 1682. s. v. *velare*)". La definición de Adeline es más precisa: "Pintar por medio de veladuras, es decir, poner tonos muy transparentes que atenúan el valor de los tonos puestos con anterioridad, o les presten brillo" (Adeline 1888, s. v. *velar*). El *Diccionario de Autoridades* no registra la acepción del verbo hasta el 1899: "Dar veladura" (s. v. *velar*).

13. Benedetto Caliari (Verona, 1538-Venecia, 1598), hermano de Veronese y miembro de su taller.

14. Carlo Caliari (Venecia, 1570-1596), el segundo de los hijos de Veronese y el más dotado para la pintura. En el Museo del Prado se guardan dos obras suyas: *La Virgen y el Niño con Santa Lucía y un*

maniera. Pero volviendo a Paolo, diré que en las carnes, como en los paños, en el aire[15] y en muchas otras cosas, la laca y el minio eran sus colores predilectos; la misma Belleza (como se ve) campeaba llena de colores cambiantes,[16] vestida con las cuchilladas, tajos y libreas más curiosos,[17] adornados y decorosos que pueda concebir la mente humana. Pues era tan rico, grave, noble y pomposo, que si pintaba un rey, lo hacía acompañado por caballeros, soldados, pajes, sastres y enanos, de manera que realmen-

15. En el texto: *Nell'aria*. Entiendo que se refiere a los celajes rosáceos que pueden verse en cuadros como *Lamentación sobre Cristo muerto* (1548, Museo di Castelvecchio, Verona), la *Alegoría de la Paz* (h. 1551-1552, Musei Capitolini, Roma), *El martirio de santa Justina* (1556, Museo Civico, Padua) y muchos otros.

16. *Colori cangianti*, en italiano. Como explica Palomino, "los paños cambiantes [...] son aquéllos cuyos claros son de un color y los oscuros o tintas rebajadas, de otro" (1988, t. 2, p. 161). Así, por ejemplo, el amarillo "se puede cambiar tocando los claros con una tinta azuladita, clara, y hace muy gracioso color" (1988, t. 2, p. 161). Se hablaba así de paños cambiantes de azul y amarillo, cambiantes sobre encarnado, cambiantes sobre carmesí, etc. Sobre los colores cambiantes en la obra de Veronese, ver nuestro epílogo y la bibliografía correspondiente.

17. En el texto: *Vestita con trinciature, tagli*. Alude a "unas aberturas a lo largo que se solían hacer para adorno en los vestidos, de suerte que por ellas se viese el aforro ['forro'] de otro color" (*Autoridades*, s. v. *cuchilladas*). Comparar, por ejemplo, con Quevedo: "Después en las pedorreras ['calzones'] / fue cuchilladas y tajos" (2021, t. 2, p. 937, vv. 245-246). Sobre la vestimenta en los siglos XVI y XVII, ver Bernis 2001; y Boucher 2009.

te era un rey. Como prueba de ello, basta ver en una gran tela en la casa Pisani,[18] en las Procuradurías de San Marcos, representado al gran Alejandro, vencedor de Darío, cuyas mujeres, madre, esposa e hijas yacen arrodilladas a sus pies, en una acción tan majestuosa que invita a cada espectador a hacer lo mismo. En suma, era Paolo todo lleno de nobleza, belleza y *leggiadria*;[19] no se ven de él fábulas ni historias deshonestas, ni que despierten los deseos de la carne, sino que siempre realizó obras graves y modestas; y aunque el ya mencionado señor Giuseppe Caliari, nieto de nuestro gran Paolo,[20] poseía (hoy en día en manos de sus hijos) una Venus desnuda,[21] tan famosa

18. Se trata de *La familia de Darío delante de Alejandro* (1565-1567, The National Gallery, Londres), originalmente pintada para decorar la casa de campo del Francesco Pisani, en las afueras de Montagnana. La casa Pisani "en las Procuradurías de San Marcos" a la que se refiere Boschini podría ser el Palazzo Pisani Moretta, en el Gran Canal, adonde el cuadro se trasladó en el año 1629.

19. *Leggiadria*. Es voz intraducible: "gracia", "ligereza", "encanto", "delicadeza".

20. Se sabe poco de él, salvo que era el "único heredero de la familia" y que poseía varias obras de su abuelo (Ridolfi 1648a, p. 329).

21. La descripción de Ridolfi dice así: "Además, tiene [Giuseppe Caliari] asuntos fabulosos, como una Venus poco menos que natural en brazos de un sátiro, que mirándola se ríe; y aquí, con mucho ingenio, el pintor combinó la deformidad del hombre salvaje con la belleza de esa diosa, de modo que ella aparece aún más bella, la cual pintó con toda delicadeza: sonríe ella también viendo a Amor dormir entre las esmeraldas de las hierbas y las gemas de las flores,

en el mundo, que no hay príncipe que, al llegar a Venecia, no desee verla; en todo caso, siendo concebida por el pincel de aquel gran hombre, nada mueve sino el sentido virtuoso de rendirle homenaje, como si fuera una Susana.

En sus ratos de ocio y tras haber apartado los pinceles, se deleitaba este autor en ir de cuando en cuando a la Plaza de San Marcos para observar la extraña indumentaria de los forasteros que continuamente acuden a Venecia, ciudad marítima que es, procedentes de todas partes del mundo; y entre todos, fijaba su atención en los armenios, de cuyas vestimentas se servía su imaginación para luego vestir a sus figuras (como muchas veces se ve) con turbantes, trajes y sobreropas largueados de distintos colores,[22] con gregüescos, calzas afolladas[23] y babuchas al estilo persa.[23] Y en verdad, es un atuendo muy adecuado para la pintura.

mientras sin ser vista por el vigilante Cupido, se divierte libremente con el rústico sileno. En esta figura se mostraría que una belleza pintada tiene tanto poder como la verdadera para conquistar los corazones" (Ridolfi 1648a, p. 330). No se conoce ninguna obra de Veronese con tal título y con semejantes características. La descripción de Boschini recuerda puntualmente la *Venus y sátiro con dos amorcillos* (h. 1588, Uffizi, Florencia) de Annibale Carracci, de la cual el Museo del Prado guarda una copia de mala calidad.

22. En el original: *Abiti e sopravesti tutte strisciate di vari colori.* "Lo mismo que listado o adornado con listas" (*Autoridades* 2002, s. v. *largueado*).

23. *Calze infiolate.* "Regularmente se entiende por un género de cal-

Sé que algunos dirán: "Has mencionado muchas cosas que se pueden ver, y otras que tu edad no permite que hayas visto realizar al autor". A lo que respondo que conocí y traté con Gabriele, el hijo, padre del ya mencionado Giuseppe,[24] y todo lo he recogido muy bien de su misma boca. Esta es verdaderamente aquella manera que, como el lucido sol, se distingue de las otras estrellas; y si quisiera decir más, no sabría expresarlo con lengua mortal.

zones muy anchos, como eran los que traían los soldados de la guardia tudesca" (*Autoridades* 2002, s. v. *afollado*). Calzones anchos parecidos a un fuelle.

24. Gabriele Caliari (Venecia, 1568-1631), hijo de Veronese y también pintor, como su hermano Carletto. Según Ridolfi, luego de un tiempo se dedicó al comercio, muriendo de Peste en 1631 (1648a, p. 346).

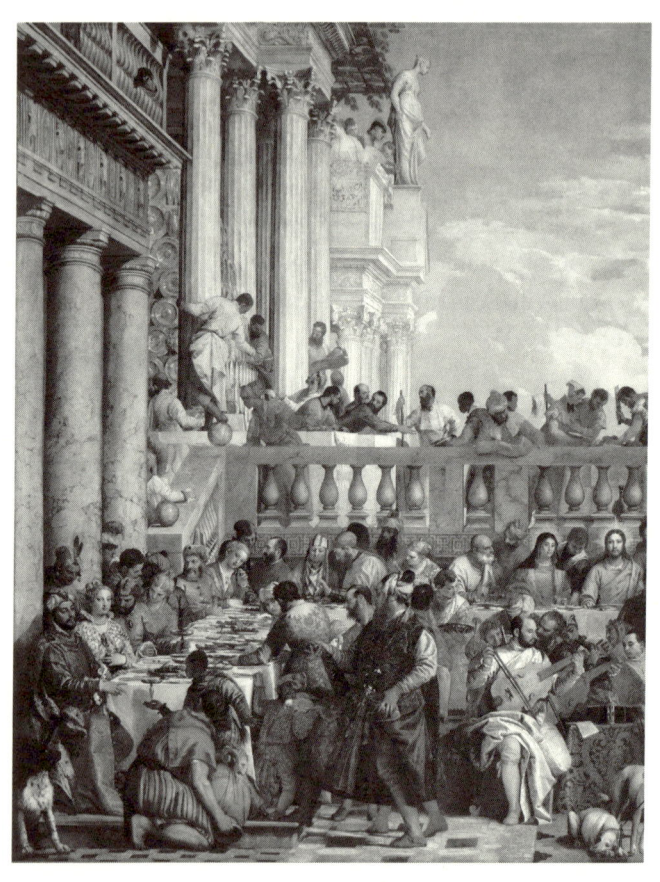

Las bodas de Caná (detalle), 1563
Musée du Louvre, París

INVENCIÓN
(1674)[1]

Marco Boschini[2]

Mas ¿qué diremos de la invención, tesoro que se guarda en los cofres de la fantasía, potencia del alma que eleva las imágenes y, mediante la dirección de un óptimo entendimiento, las entrega a la mano solícita, que al acto práctico las reduce? La invención concierta las partes con el todo, dispone las materias, introduce las formas, acuerda los accidentes, representa los sucesos y hace armoniosa la composición de las cosas. Es parte esencialísima de la pintura, y sin ella no se puede dar principio a la más mínima

1. "Invenzione". En *Le ricche minere della pittura veneziana*. Segunda ed. ampliada (Venecia: Francesco Nicolini, 1674), s. p. La única traducción existente es al inglés. Ver Boschini 2000, pp. 174-175. También hay reedición moderna en italiano, a cargo de Pallucchini. Ver Boschini 1966, pp. 754-756. La palabra "invención" proviene de la retórica (*inventio*). En el ámbito de la pintura designa "la capacidad del artista para encontrar o idear temas" (Grassi 2003, s. v. *Invenzione, Invenzioni*), aunque en el Manierismo y en el Barroco no es raro que se confundiera con nociones como el "capricho", la "imaginación" y la "fantasía". El ensayo de Boschini está dedicado íntegramente a la "invención" de Veronese, concepto que explica con más gusto y entusiasmo que nadie.

2. Ver supra Boschini, "Paolo Caliari Veronese", n. 2.

cosa, siendo el primer y principal fundamento de todo. Debe, pues, el buen inventor atender, no sólo el asunto de las historias o de las fábulas que ha de representar, sino también todos sus accidentes y circunstancias, a saber, la conveniente cantidad de los individuos, la variedad de los objetos, la armonía de los colores, el lugar de las acciones, el sitio de las figuras, las actitudes de los cuerpos, las pasiones de los ánimos, la diversidad de los vestidos, la bizarría de los pensamientos y la novedad de las cosas. Y quien no tiene propio caudal, no se valga del ajeno, que no será nunca estimado maestro; mas quien entiende bien todas las partes de la invención y las expresa bien, no puede menos que llegar a ser un pintor señalado.

Tal ciertamente fue nuestro Paolo Caliari Veronese, que, hecha tributaria la invención, más bien discípula, la instruye, alecciona y socorre en sus mayores necesidades. ¡Oh, efectos maravillosos, derivados de aquel sobrenatural entendimiento que, penetrando no sólo en las cosas de este mundo, se ha elevado hasta las esferas y ha inventado formas tan divinas, que la humana mente se regocija, viéndose partícipe de aquellos ejemplares del Paraíso! ¿Y qué mejor ejemplo que la tabla del altar mayor de Santa Catalina,[3] donde admirable es el concierto de la arquitec-

3. *El Matrimonio místico de santa Catalina* (h. 1570, Gallerie dell'Accademia, Venecia), entonces en el altar mayor del convento de Santa Caterina del Sacchi, en Venecia.

tura, majestuosa la representación de la bienaventurada Virgen con el Niño Jesús, que entrega el anillo de desposorio a la Santa, con invención de ángeles que concuerdan con armonía no menos celestial que musical? Invención autentificada como única por el gran boloñés, Agostino Carracci, con su inmortal buril.[4] Pero aunque el número de estas prodigiosas y señaladas invenciones ciertamente es infinito, no puedo evitar recordar el decoroso *Convite en Caná de Galilea*,[5] llevado a cabo por el mismo Paolo en el refectorio de los monjes de San Benito, en San Giorgio Maggiore, donde justamente la invención es reina de todas las obras que hasta el día de hoy hayan sido representadas por cualquier maestro, haciéndolas todas tributarias y vasallas; pues en ella se encuentra, en primer lugar, la invención de la estructura de los edificios, con la mayor majestuosidad arquitectónica que jamás se haya visto; la invención de ricos aparatos[6] y ornamentos; la invención de trajes decorosos y extravagantes; la invención de bellezas del colorido; la invención del concierto

---

4. Se refiere al grabado del *Matrimonio místico de santa Catalina*, ya mencionado en la "Vida de Paolo Caliari Veronese, pintor" de Ridolfi, n. 15.

5. *Las bodas de Caná* (1562-1563, Musée du Louvre, París), encargo original de los monjes benedictinos para el refectorio del Monasterio de San Giorgio Maggiore, en Venecia.

6. En el original: *apparati*, o sea, 'prevención, adorno, pompa, suntuosidad' (Covarrubias 1995, s. v.).

en las actitudes de las figuras, apropiadas a los comensales, a los sirvientes y a los invitados; la invención, por último, de las ideas,[7] tan variadas y naturales, que más no se puede desear. Aunque en las ideas del Salvador y de la Bienaventurada Virgen se vislumbra el mismo Paraíso, tanto incitan a venerarlas.

Pero la invención del concierto musical de aquellos cuatro músicos que aparecen en primer plano no puede estar mejor concebida. Pretendió Paolo con ellos aderezar su siempre inmortal obra, pues en esas cuatro figuras expresó el extracto de la rareza de la pintura.[8] El viejo que toca el bajo es Tiziano; el otro, que toca la flauta, es Jacopo de Bassano; el que toca el violín, es Tintoretto, y el cuarto, vestido de blanco, que toca la viola, es el mismo Paolo.[9] Quien pueda concebir mejor la armonía de la música de la pintura, que allí se acerque con su instrumento. En suma, no existe invención mejor concertada que ésta en

7. Aquí, la visión del pintor. La definición de Baldinucci dice: "El perfecto conocimiento del objeto inteligible, adquirido y conservado por doctrina y por uso. Usan esta palabra nuestros artífices cuando quieren expresar la obra del capricho o de la invención" (1681, s. v.). Nótese que *invención* es ahora sinónimo de *capricho*.

8. *L'estratto della rarità della pittura. Rareza* en el sentido de singularidad o excepcionalidad, no de anomalía o extrañeza aberrante.

9. Boschini es el primero en identificar a los músicos del cuadro. En términos generales, la crítica acepta las identificaciones de Tiziano y Veronese, pero no las de Bassano y Tintoretto, ya que las figuras no guardan ningún parecido con los personajes históricos.

lo general, ni en los casos particulares tan artificiosa, tan ejemplar y tan decorosa.

Paolo, tú eres el condimento de la pintura, pues de ti se obtienen los extractos de las más finas bellezas que la mente humana pueda imaginar; tú eres ese pintor universal que a todo el universo alegra y maravilla, y en cuanto a la invención, ciertamente no me atrevo a compararte con nadie. Así me declaro. Sólo me pesa no tener invenciones, ni conceptos de inventor, que sean adecuados a méritos tan grandes. Me confieso, por tanto, una sombra que, inclinándose hacia la tierra, consagra dones de humildad a tus resplandecientes obras. ¡Seductor,[10] adios!

---

10. Seductor. En el original, *dilettante*, en el sentido etimológico: 'que causa deleite', 'mago', 'hechicero'. La traducción de Harrison, Wood y Gaiger -*novice* o 'novicio', 'principiante'- no tiene sentido, ya que como afirma Boschini de manera insistente, Veronese es todo menos un aprendiz ('*diletante*', en el sentido moderno de la palabra). Veronese es el condimento de la pintura, o sea, su encanto es irresistible.

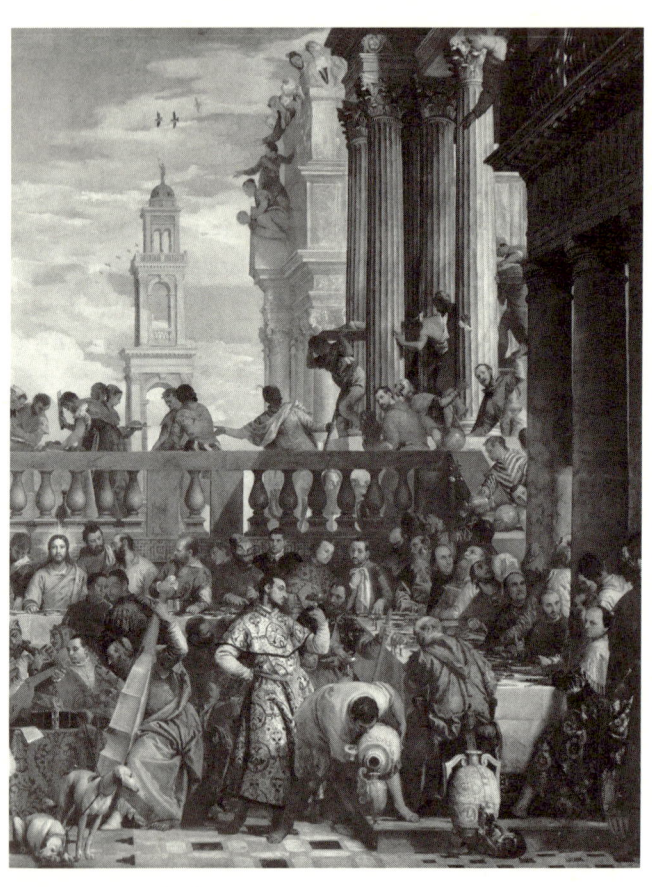

Las bodas de Caná (detalle), 1563
Musée du Louvre, París

LAS BODAS DE CANÁ
(1660)[1]

Marco Boschini

Querría proferir grandes verdades,
pero seso me falta para tejer la tela;
barquilla en altamar floto sin vela,
mi lengua es un lunar, Paolo[2] lo es todo.

Nunca se ha visto, de cierto, entre pintores,
pompa igual, empresa tan grandiosa,
maniera tan grave y decorosa.
Tesorero es del arte y los colores.

---

1. Extracto de *La carta del navegar pitoresco* (Venecia, 1660). Ed. de A. Pallucchini (Venecia: Istituto per la Collaborazione Culturale, 1966), pp. 206-215, dedicado al célebre cuadro de Veronese, *Las bodas de Caná* (1563, Musée du Louvre, París). El poema original, escrito en un dialecto véneto del siglo XVII, consta de unas 75 cuartetas en versos endecasílabos, de las que aquí sólo se traducen 38. Sin pretender reproducir la métrica del poema, sí he procurado conservar un cierto grado de musicalidad que permita apreciar el sabor del texto original, que transcrito en español paladino pierde gran parte de su encanto. Hasta donde sé, no existe traducción previa completa a ninguna lengua, aunque en italiano y en inglés se han vertido tres o cuatro estrofas, no siempre con suerte. Todavía sin traducir, *La carta* en su conjunto es uno de los tratados de pintura más agudos que yo haya leído, y su autor, el Tintoretto de las letras venecianas.

2. Paolo Veronese.

No es esto ya pintura sino magia
que hechiza a quien la ve.
¡Oh, sola heredera de la virtud divina,
  cómo agitas el alma y el corazón cautivas!

Tan nobles y sublimes edificios
no han existido nunca, en verdad o en pintura;
formas de tan perfecta arquitectura
los más grandes maestros no supieron crear. [...]

La voluntad me arma de coraje,
pero me arreda la idea[3] del pintor;
denuedo da el honor
y me lo quita la majestuosidad.

En verdad, me pierdo en bien tan bello.
Soy como aquél cuya luz natural
deja el suelo por mirar el sol:
tanta beldad me quita el seso. [...]

¡Oh Paolo Veronese, oh mi contento,
tengo a punto el cerebro;
en tu fuerza y ánimo confío
para empeñar el caudal de mi talento!

---

3. Capricho, invención. No tiene nada que ver con las Ideas platóni-
cas. Ver *supra* "Invención", n. 7.

¡Esto sí que es un cuadro, y un cuadro inmenso!
Son cientos de figuras,
en todas las posturas,
que el alma se les ve, y el sentimiento.

Unos van y otros vienen, éste sirve y aquél manda,
sube y baja escalinatas un criado,
de modo organizado,
más leves todos que en volandas.

Hay aparadores con vidrios[4] y jarrones,
hay jofainas, hay copas, hay fruteros
de oro y plata, verdaderos,
costosas piezas labradas con primor.

Todo es real, todo está vivo,
las figuras se mueven con decoro;
luce el novio sobreropa de oro
y está llena la novia de vigor.[5]

Si alabar en detalle pretendiera
de esta pintura los conceptos,
¡por Dios!, ni el más fino intelecto
lo lograra, por mucho que tratara. [...]

4. "Se llama cualquier pieza o vaso formado de él" (*Autoridades*, s. v.).
5. *E la novizza xe tuta motivo*, 'y la novia es toda movimiento', de
moto, 'movimiento', 'viveza', 'expresividad'. "Lo que mueve o tiene
eficacia o virtud para mover" (*Autoridades*, s. v. *motivo*).

Sí puedo, sobre todo el conjunto,
tomarme una licencia pintoresca;
mas hay que ver cómo se trenza,
que el amar y el temer caminan juntos.

Lo visible (por decirlo así) importa poco;
importa el imán de la idea,
ese espíritu divino que recrea
y hiere mi inmaculado corazón.

Un cierto no sé qué, brillante y vivo,
un alma que a la acción infunde aliento.
Quisiera decir algo más agudo
pero ando de retórica desnudo.

Yo nunca he sabido qué es pintura,
ni ahora mismo afirmo que lo sepa;
pero duda no quepa
que deja en evidencia a la natura.

Montan un circo algunos
por la idea[6] de un rostro o una cabeza,
por un gesto de gozo o de tristeza,
quedándose pasmados y confusos.

Quien de cada semblante
una idea quiera ver impresionante,

6. Ver n. 3.

que venga aquí: no hay gestos
tan asombrosos como estos.

Sé lo que os digo, si este pintor divino
con imitar el natural se conformara,[7]
como este mentecato y aquél otro,
de honor tal alto nunca disfrutara.

Su modelo era su mente;
el natural, su colosal doctrina;
la invención, la *maniera* peregrina
que le infundió Dios omnipotente.

Trajes solemnes, trajes extravagantes,[8]
tajos, cuchilladas,[9] libreas,[10] listas[11] y bordados,
paños de oro y plata, rasos y satenes
de Damasco, veludos elegantes.

---

7. El original es más expresivo: *Fusse andà a medicando i naturali*,
'anduviese mendigando detrás de los pintores naturalistas', 'fuese a
pedirles limosnas a los naturalistas'.

8. Ver el Epílogo.

9. Ver supra, "Paolo Caliari Veronese", n. 17.

10. "Suelen en algunas ocasiones de fiesta hacerse algunas libreas muy
lucidas, con labores y follajes de plata y oro perfilados, a manera de
bordado, que lucen de noche admirablemente, en que por la breve-
dad suelen ocuparse muchos oficiales y a los maestros pintores les
suele ser de provecho" (Pacheco 1990, p. 492).

11. *Verghe*, en véneto. "La tira de distinto color que suelen tener algunas telas o tejidos para su adorno" (*Autoridades*, s. v.).

Suntuosos paños a lo persa,
mil tipos de follajes y arabescos,
adornos principescos,
modas distintas y exóticas rarezas.

Chaperías,[12] armiños, cendales y brocados,
paños de Florencia y de Venecia
que el mundo entero aprecia
en esta pintura se ven representados.

Un sin fin de colores cambiantes,[13]
bellezas que natura ignora;
jardín es este cuadro sólo;
abril y mayo, canalladas. [...]

¡Qué bello viejo persa aquél que veo!
¡Qué noble de postura!
Escarnio hace y afrenta a la natura
aquél otro con la mano en la cintura.

Ese enano, ese morillo, aquel bufón,
¿no maravilla su presencia en el convite?

12. *Lastre*, en véneto, 'láminas', 'chapas'. Según Vittori, un "recamado
    de láminas de plata, como aquéllas de las casacas de los arqueros"
    (1609, s. v.). La definición de Covarrubias reza: 'La obra, fábrica,
    adorno o guarnición de chapas" (Covarrubias, s. v.).
13. *Colori de ganzanti*, en véneto Ver *supra*, "Paolo Caliari Veronese",
    n. 16.

Si llano es el motivo, sublime,
como digo, es la invención.

De un ánfora un criado
se aplica en trasvasar el vino.
No hay gesto más genuino.
"Bebed, yo escancio", dice a los convidados.

¡Qué genio tiene el chucho
que en la falda del novio
le saca los dientes al mastín!
De pintor caprichoso es ocurrencia.

¡Un corazón sublime, un espíritu augusto,
ocupado con un chucho boloñés!
Es como el sol, que alumbra sin reparo
de la flor más pequeña al tronco más robusto. […]

Tañe la viola un músico
de gracia todo lleno y gallardía.
Vivo, de Paolo es el retrato,
hecho por el pincel a tantos grato.

La blancura del traje nos recuerda
el candor de su ingenio.
Intachables son la forma y el diseño,
y embelesa el colorido los sentidos.

Toca un viejo frente a él el contrabajo
y el legato apareja
la esperanza de lisonjear la oreja.
¡Qué grave aspecto tiene y qué bien suena!

El resto del conjunto es exquisito;
las posturas, los gestos, sus vivos movimientos
descubren mil diversos sentimientos,
que también pinta Paolo los afectos. […]

A un tiempo hay dos conciertos,
de música, sin duda, y de pintura,
modelo uno del otro y su figura.
Nadie expresó mejor igual concepto.

Aquí no falta nada, es un todo perfecto;
los cinco sentidos gozan juntos.
Macizos y recios los pinceles,
obrones son de gusto y de provecho.[14]

Y si alguno dijese: "Ni al bajo
ni al soprano escucho", yo le diría:
"Idiota, no oye quien es sordo;
privado estás por tanto de este gozo".

Dura sentencia es carecer de gusto.[15]
El sol no puede nunca ver el ciego,

14. Así en el original: *Operone de gusto e de costruto.*

ni tocar puede el manco aunque lo intente.
¡De todo gozo yo, gracias al Cielo!

De cuadro como éste tan señero
confieso que jamás me apartaría,
que vive quieta en él mi fantasía.
¡Paraíso terrestre es verdadero!

15. En el texto: *Chi xe privo del gusto xe spedio*, 'quien carece de gusto es un sentenciado' o 'está condenado'; 'está perdido', podría decirse también. *Spedio* es un término vulgar que significa en véneto "delincuente, dícese de las personas investigadas en un proceso, y significa juzgado [*giudicato*], sentenciado [*sentenziato*], desahusiado [*espedito*]" (Boerio 1867, s. v. spedio).

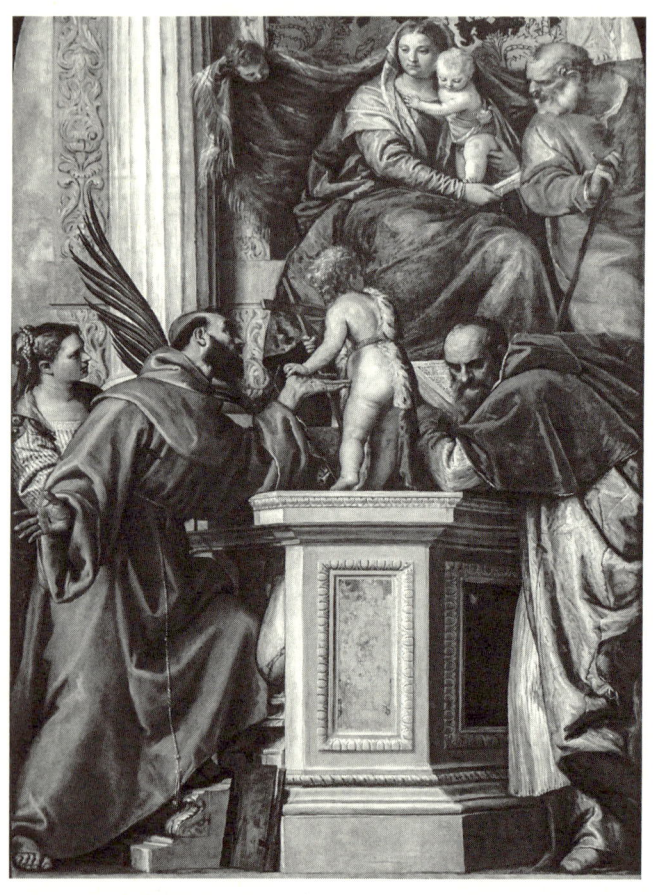

Virgen con el niño, y los santos José, Justina,
Francisco de Asís, Juan el Baustista niño y Jerónimo, 1563
Galleria dell'Accademia, Venecia

Reflexiones sobre las obras de Paolo Veronese (1699)[1]

Roger de Piles[2]

Por muy grande que sea el genio de un pintor, por abundante que sea su vena, por fácil que le resulte la ejecución de sus ideas, si no reflexiona concienzudamente sobre el tema a tratar y no refuerza su imaginación con la lectura de buenos autores, a menudo sólo producirá cosas comunes y a veces caerá en el error. Paolo Veronese es un ejemplo bastante claro de ello: su talento era maravilloso, trabajaba con facilidad y su genio le habría hecho producir siempre cosas bellas si la diligencia hubiera acompañado siempre su talento. Hizo una infinidad de cuadros, y según los lugares y las personas para quienes tra-

1. "Réflexions sur les ouvrages de Paul Véronèse". En *Abrégé de la vie des peintres* (París: Charles de Sercy, 1699), pp. 278-283. No existen traducciones previas en ninguna lengua.
2. Nacido en Clamecy, en la región francesa de la Borgoña, en el año 1635, se lo considera el principal teórico francés de arte del siglo XVII. Pintor él mismo y admirador incondicional de Rubens, es autor de media docena de tratados de arte, algunos de los cuales mencionaremos más adelante. Aunque su enfoque puede resultar tendencioso en ocasiones, muchos de sus juicios sobre Veronese son acertados. Murió en París en 1709.

bajaba, planificaba más o menos sus composiciones. El Palacio de San Marcos en Venecia, los altares principales de las principales iglesias y algunas casas de nobles conservan aún hoy lo mejor de su producción. Pero en cuanto a los diversos altares de las iglesias comunes y a los particulares que, basándose en su fama, quisieron tener cuadros de este gran pintor, parece que en lugar de esforzarse por mantener su reputación, trabajó por rutina, más preocupado por acabar su obra que por hacerla bien. De modo que sus invenciones unas veces son anodinas y otras ingeniosas.

Su talento se inclinaba hacia las grandes composiciones, y las llenaba con gusto. Sabía impartirles alma, verdad y movimiento, pero la elección de los objetos no siempre era la más acertada. Introducía en su composición todo lo que su imaginación le proporcionaba de grande, sorprendente, nuevo y extraordinario; y, finalmente, pensaba más en adornar la escena de su cuadro que en hacerlo adecuado a los tiempos, las costumbres y los lugares. Frecuentemente incluía arquitecturas que su hermano Benedetto[3] solía pintar, y la magnificencia de esos edificios daba grandeza a sus obras.

Sus composiciones no siempre fueron las más acertadas en cuanto al claroscuro, cuyos principios ignoraba, así que los resultados unas veces eran buenos y otras, malos,

3. Benedetto Caliari (Verona, 1538-Venecia, 1598), hermano de Paolo

según las oscilaciones de su genio. Lo mismo se puede decir de sus actitudes,[4] la mayoría de las cuales carecen de regla.

Con todo, sus grandes obras poseen mucha fuerza y energía; pero al examinarlas de cerca, se encuentra poca sutileza en las expresiones, ya sea en relación con el asunto en general o con las pasiones en particular, siendo raro encontrar alguna que sea realmente conmovedora. En esto se asemejaba a todos los venecianos, quienes ponían todo su empeño en imitar el aspecto exterior de la naturaleza.[5]

Sus trajes son todos modernos, propios de los tiempos en que vivía o del encuentro con los extranjeros levantinos, de los que siempre había un gran número en Venecia y de lo se servía tanto para los estilos de los tocados como

4. *Attitudes*, en francés. "Deducido del italiano *attitude*. Acción, movimiento o postura del natural, para dibujarlo o pintarlo" (Palomino 1988, t. 2, p. 556).
5. Comparar con Ruskin: "Sustitución de la expresión por la excelencia técnica. -Esto ocurre de manera más franca y, por lo tanto, más inocente, en el trabajo de los venecianos. Ignoran casi por completo la expresión, dirigiendo su objetivo exclusivamente a la representación de las verdades externas del color y la forma. Paolo Veronese hará que Magdalena lave los pies de Cristo con una expresión tan absolutamente impasible como la de cualquier sirvienta común que lleva una jofaina a su amo, y convertitá la cena en Emaús en el fondo del retrato de dos niños jugando con un perro" (Ruskin 1903, parte 4, cap. 3, p. 53).

para los trajes. Como la mayoría de sus trajes están confeccionados con telas de diferentes tipos,[6] y sus pliegues son grandes y bien definidos, constituyen una parte importante de las bellezas que se encuentran en los cuadros de Paolo Veronese.

El cuidado que solía poner en imitar los paños del natural se volvió tan habitual, que pintó de memoria ricas vestimentas que se creerían hechas a partir del natural.[7] Aunque sentía debilidad por los dibujos de Parmigiano,[8] los suyos, sin embargo, son de mal gusto, si se excluyen los rostros, que poseen grandeza, nobleza y, a veces, gracia. Sus figuras, no obstante, se amoldan bien a las vestimentas, pero los contornos de los desnudos tienen poco gusto y corrección, especialmente en los pies.[9] Sin embargo, parece que se esforzó en dibujar a las mujeres con

6. Ver el epílogo.

7. Comenta Piles en otro de sus tratados: "Los [paños] hechos de memoria y sin consultar el natural normalmente sólo sirven para el dibujo. Pero el pintor que aspira a la perfección debe siempre consultar los paños mismos, porque la verdad configura los pliegues y distribuye las luces conforme a la naturaleza de las telas. No quiero, sin embargo, menospreciar a aquellos que, gracias a la experiencia, conservan en la memoria una imagen suficientemente exacta de los pliegues y las diferencias de los paños como para poder reproducirlos con veracidad" (Piles 1989, p. 58).

8. Francesco Mazzola (Parma, 1503-Casalmaggiore, 1540), mejor conocido como *Parmigianino*.

9. Así, por ejemplo, el pie de Marte en el óleo *Marte y Venus con Cupido y un caballo* (c. 1570, Galleria Sabauda, Turín).

cierta elegancia, según la idea que tenía de la belleza natural; porque en cuanto a la Antigüedad, nunca la conoció.

Nunca he visto paisajes dignos de consideración de mano de Veronese; hay celajes maravillosos en algunas de sus grandes composiciones, pero sus lejos[10] y perspectivas[11] tienen un aspecto deslavado.

Nunca entendió el artificio del claroscuro, y las muestras que de él aparecen en algunos de sus cuadros son fruto de un golpe fortuito del genio, ajeno a los principios. En cambio, los colores locales los entendió bien, supeditándolos al principio de comparación.[12] Aunque propendiera a un estilo vago y luminoso, y empleara algunas

10. "En pintura se llama lo que está pintado en disminución y representa a la vista estar apartado de la figura principal" (*Diccionario de Autoridades* 2002, s. v. *lejos*).

11. *Terrasses*, en francés. Pero como en el español del siglo XVII la voz "terraza" significaba "cierta forma de jarra de dos asas que los pintores suelen pone ren las tablas de la Asunción" (Covarrubias 1995, s. v.), he preferido usar la palabra "perspectiva", que me parece más clara: "Todo el objeto de la vista en la mayor distancia, especialmente cuando es ameno o deleitable" (*Diccionario de Autoridades* 2002, s. v.). La observación de Piles es muy acertada: los espacios de Veronese carecen de profundidad ortogonal; en lugar de proyectarse hacia el fondo, formando "terrazas", se extienden lateralmente, como un friso. Dicho de otro modo, es un pintor bastante plano, sin profundidad ni espacial ni emocional.

12. Explica Piles en *Dialogue sur le coloris*: "El colorido comprende dos cosas: el color local y el claroscuro. El color local es aquél característico de cada objeto y que el pintor debe resaltar mediante la

veces colores fuertes y oscuros; y aunque sus encarnados sean verdaderos y las tintas estén bien conseguidas, aún así no son tan frescas como las de Tiziano, ni tan vigorosas y sanguíneas como las de Tintoretto. Me parece incluso que hay muchas que tienen un tono plomizo, lo cual no impide, sin embargo, que en términos generales sus colores hayan alcanzado una armonía admirable, principalmente en los paños, a los cuales dio un brillo, una variedad y una magnificencia inimitables. La armonía que poseen proviene generalmente de los glaseados[13] y colores rotos que empleó,[14] los cuales, al influirse mutuamente, crean invariablemente una unión. Aun así, circulan cuadros que se dice que son de él donde los colores son ácidos y discordantes; pero no querría asegurar que

comparación, técnica que supone el conocimiento de la naturaleza de los colores, es decir, de su simpatía y antipatía" (Piles 1694, p. 12).

13. Explica Piles en *Elements de peinture*: "Un color glaseado [*glacée*] no es otra cosa que un color transparente, a través del cual se puede ver el color de fondo. Se aplica un glaseado sobre los tonos pardos para darles mayor fuerza, y sobre los colores claros y blancos para hacerlos muy vivos y resplandecientes. Porque una color glaseado siempre tiene mucho más resplandor que si se pinta de forma común con todas sus diferentes tintas" (Piles 1776, p. 117).

14. Explica Piles, *Cours de peinture par principes*: "La mezcla de ciertos colores que atenúa su intensidad o los armoniza con otros se conoce como *colores rotos* [*coleurs rompues*]. Existen innumerables formas de lograrlo, y Paolo Veronese, que era especialmente afortunado con ellos, puede servir de excelente modelo en este apartado" (Piles 1989, p. 173).

todos los cuadros que se atribuyen a Paolo Veronese sean realmente de su mano, ya que tenía un hermano y un hijo que siguieron su estilo.

En sus obras se advierte una gran destreza por todas partes; su ejecución es firme, su pincelada ligera y su reputación está respaldada por suficientes cualidades como para mantenerlo en el grupo de los pintores de primer orden.

No omitiré aquí que el cuadro de *Las bodas de Caná* que hizo para la iglesia de San Giorgio Maggiore en Venecia se diferencia mucho de sus otros trabajos, y que no sólo es el triunfo de Paolo Veronese, sino que está a punto de ser el triunfo de la pintura misma.

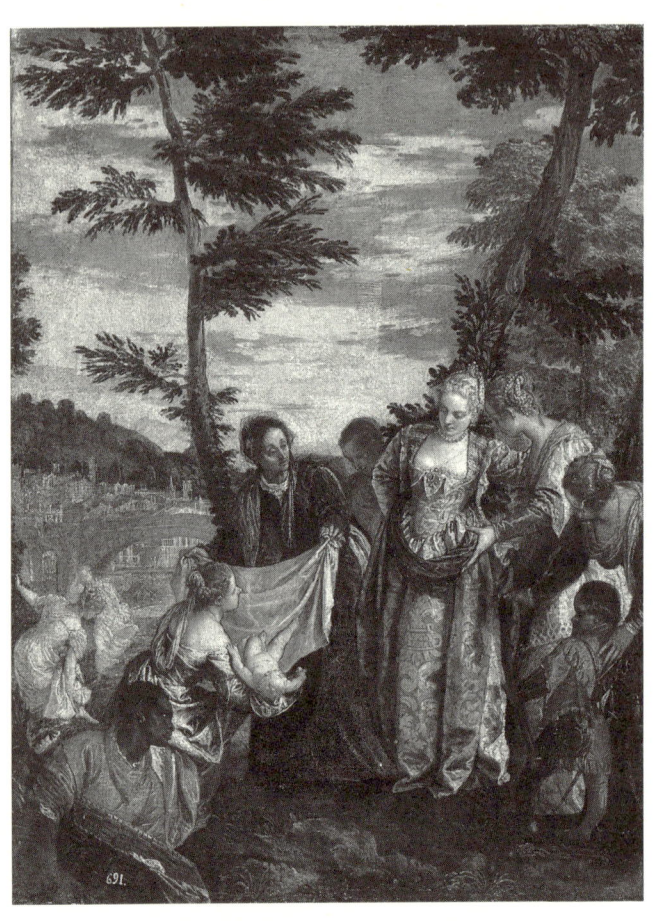

Moisés salvado de las aguas, ca. 1580
Museo del Prado, Madrid

La vía del capricho.
El *panneggiare* en la pintura de los siglos XVI y XVII

> He hablado del hombre desnudo. Diré ahora
> un par de palabras en torno al vestido.
>
> Dolce, *Diálogo de la pintura* (1557)

Una de las características más llamativas de la pintura de Veronese es la suntuosidad de los paños. Se trata, en efecto, de "los paños más extraordinarios que jamás pintara pincel alguno".[1] Ridolfi admira sus "reyes vestidos con ricos adornos, diversidad de paños y vestimentas militares";[2] mientras que para Piles, "como la mayoría de sus trajes están confeccionados con telas de diferentes tipos, y sus pliegues son grandes y bien definidos, constituyen una parte importante de las bellezas que se encuentran en los cuadros".[3] En los siglos XVI y XVII, e incluso después, el

1. "De'panni che furono delle più rare che formassero pennelli giammai" (Boschini 1674, s. p.). Ver *supra* "Paolo Caliari Veronese".
2. "Re vestiti di ricchi addobbi, diversità di panni e spoglie varie militari" (Ridolfi 1648a, p. 284). Ver *supra* "Vida de Paolo Caliari Verone-se, pintor".
3. "Comme ses draperies sont la plupart d'étoffes de différentes espèces, et que les plis en sont grands et bien entendus, elles font une grande partie des beautés qui se trouvent dans les tableaux de Paul

tratamiento de los paños no era ninguna fruslería. Era una parte tan importante de la pintura como la anatomía, el colorido o la perspectiva, conocida como *panneggiare*, el "pañear".[4] A continuación, me gustaría explicar en qué consistía esta disciplina y, seguidamente, qué papel desempeña en la pintura de Veronese. Es un campo rico de ideas estético-filosóficas que los historiadores de arte a menudo soslayan.

1. LA TEORÍA DEL *PANNEGGIARE*

El traje de la inocencia

El vestido es la culpa original del hombre. Adán y Eva correteaban desnudos por el Paraíso hasta que desobedecieron la voluntad de Dios y mordieron la fruta prohibida del conocimiento. "Entonces se les abrieron los ojos a entrambos, y se dieron cuenta de que estaban desnudos; y cosiendo hojas de higuera se hicieron unos ceñidores" (Génesis 3: 7). La ropa es la primera señal de la Caída. La belleza era pura hasta que se vistió: "Vino, primero, pura, / vestida de inocencia. / Y la amé como un niño. / Luego

Véronèse" (Piles 1699, pp. 280-281). Ver *supra* "Reflexiones sobre las obras de Paolo Veronese".

4. Sobre el *panneggiare*, ver Grassi 2003. Sobre la industria textil en la Venecia de Veronese, ver Duits 2012, que no tiene en cuenta en absoluto la doctrina del *panneggiare*.

se fue vistiendo / de no sé qué ropajes. / Y la fui odiando, sin saberlo" (Jiménez 1918, p. 21). La misión básica del *panneggiare* consiste en restaurar la inocencia del desnudo en un mundo que ya "cree más en los paños que en las obras [de Dios]" (Doni 1549, f. 15r).[5] Misión que implica dos cosas: definir los contornos del desnudo y visibilizar sus *attitudini*, las "actitudes" anímicas que manifiestan las posturas del cuerpo. "Los pliegues deben disponerse de tal modo que no supriman del todo la forma de la parte que visten ni impidan ver la actitud o postura de la figura" (Baldinucci 1681, p. 117).[6] No suprimir la *forma* orgánica del cuerpo y no entorpecer las *actidudes*, el significado de las acciones: tal sería el fondo de la cuestión. Los paños tienen algo de mortaja; "por su naturaleza siempre enfrían la acción [*rifredano l'atto*] y le restan animación a la figura [*inaniscono la figura*]" (Boselli 1978, f. 94v). Por eso, sin dejar de cubrir la figura, el ropaje debe "dar a conocer lo que cubre" (Piles 1989, p. 55),[7] "guiando los ojos tan hábilmente que el espectador se imagine ver lo que el pintor le oculta mediante el juego de los paños" (Piles 1989, p. 55).[8]

5. "Il mondo crede più tosto a drappi che a l'opere".
6. "Le pieghe debbono esser talmente accommodate, che non tolgano in tutto e per tutto la forma a quella parte che vestono o impediscano il vedere l'attitudine o posa della figura".
7. "Faire connoître ce qu'elles couvrent".
8. "Conduire si adroitement les yeux que le spectateur s'imagine voir ce que le peintre lui couvre par le jet de ses draperies".

Un traje vacío es una casa abandonada, una ruina. "Los paños que visten las figuras deben mostrar estar habitados [*essere abitati*] por tales figuras" (Da Vinci 2006, p. 368). Uno de los aspectos más inquietantes de los estudios de paños es su desolación. Muchos parecen auténticos fantasmas (Fig. 1).

La ley del movimiento

Para vencer el aspecto desolado y como fantasmal de los paños deshabitados es imprescindible crear la ilusión de movimiento. Ello puede conseguirse de dos modos: gracias a la fuerza externa del viento o mediante los cambios de postura del propio cuerpo, las actitudes, que a su vez doblan las telas de distinta manera.

Cuando digo movimiento, no me refiero únicamente a la acción y efecto de mover, sino a lo que en la época se conocía como moti, los movimientos a un tiempo físicos y anímicos comunes a las cosas sensibles e insensibles (*cose insensate*), tales como "el temblor de las plumas, de las alas y de los penachos, el retorcer de las cuerdas, de los lazos, el volar de las pajas, del polvo, y de cosas similares" (Lomazzo 1585, p. 185).[9]

9. "Medesimamente, i moti delle cose insensate, come il tremolar delle piume, delle ali e dei penacchi, il torcere delle corde, dei legami, il volar delle paglie, della polve e di simili cose s'hanno da mostrare secondo la violenza che gli vien fatta".

En efecto, en pintura *moto*, 'movimiento', significa "una cierta expresión y demostración externa en el cuerpo de aquellas cosas que sufre internamente el alma" (Lomazzo 1585, p. 108).[10] Un paño es una cosa insensible dotada de *moti*, de e-mociones. El movimiento de los paños es la manifestación externa de un temblor espiritual interno, como si entre el alma y el cuerpo, y entre éste y la tela que lo cubre y lo descubre al mismo tiempo no hubiera separación alguna. Las actitudes del cuerpo reflejan directamente las pasiones del alma y los *moti*, los movimientos de los paños, la emoción de las actitudes.

Los paños tremolantes

Los paños pueden ser "estables" (*stabili*) o "volantes" (*volanti*) (Da Vinci 2006, p. 371). Estables son los paños que no se mueven, y volantes, aquéllos que se agitan al viento, recordando siempre que éstos últimos "son ventajosos porque contribuyen a dar vida [*donner de la vie*] a las figuras" (Piles 1993, p. 58).[11] Alberti lo explica del siguiente modo: "Como queremos que los paños sean adecuados a los movimientos, y sin embargo por su naturaleza los

10. "Una certa espressione e dimostrazione estrinseca nel corpo di quelle cose che patisce internamente l'animo".
11. "Ces sortes des draperies [los paños tremolantes] sont avantageuses, parce qu'elles contribuent à donner de la vie aux figures par le contraste".

paños son pesados y a menudo no se curvan al caer a tierra, es oportuno poner en un ángulo de la historia la faz de Céfiro o de Austro soplando entre las nubes, de modo que todos los paños se pongan en movimiento" (Alberti 2007, p. 107). Así que para contrarrestar la ley de gravedad, palabra que Alberti todavía no conocía, y evitar que los paños caigan hacia el suelo de forma rectilínea, es necesario que el viento sople, colocando si fuera posible, como hace obedientemente Botticelli en *El nacimiento de Venus* (h. 1482-1485, Galleria degli Uffizzi, Florencia), a alguno de los dioses del viento en una esquina del cuadro, para que todos entiendan que la agitación de los paños no se debe a un capricho del pintor, sino a un fenómeno natural: las telas se mueven "porque" el viento las impulsa, no porque el *panneggiare* se preste a toda clase de libertades que las formas naturales no permiten. Sin embargo, y aquí es cuando empiezan a complicarse las cosas, "en este impulso del viento debe cuidarse de que no surjan movimientos de los paños contra el viento [*contra ventum*], ni sean demasiado irregulares [*nimium refracti*, 'ni demasiado rotos'], ni excesivos en su amplitud [*nimium porrecti*, 'ni demasiado extendidos']" (Alberti 2007, p. 107). Como iremos viendo, cada regla del *panneggiare* conlleva un riesgo. En el caso de los paños tremolantes los riesgos son tres: el movimiento en direcciones contrarias, *pro et contra ventum*, la fractura de los pliegues (*refringere*) y la propagación descontrolada de los paños (*porrigere*). El *panneggiare* oscila así entre dos extremos igualmente peligrosos: la ley de inercia, que diría Newton, y el garabato. Si falta el movimiento, se enfrían las acciones y las actitudes no se ven. Pero si el movimiento es excesivo, los paños se desbordan y la forma se fractura. Además, los paños tremolantes tienen algo femenino, así que que no es conveniente que los hombres los usen: "Los paños volantes [*vloeyende*], ricos, sin pliegues, / guárdalos sin miedo para las mujeres, / y no serás fácilmente incomprendido" (Van Mander 2004, f. 43v).[12]

Los paños tremolantes por excelencia son los peplos de las Bacantes, "las cuales, bien por sus juegos lascivos, o por la embriaguez de Baco, con ser tales, con poco decoro se movían violentamente, y así el movimiento y el viento hacían que sus ropas sobrevolaran también de manera deshonesta" (Boselli 1978, ff. 99v-100r) (Fig. 2).[13] "Ya veo

---

12. "Een vloeyende laken, rijck, onvernepen, / sonderlingh aen vrouwen, maeckt sonder schromen, / ghy en sulter niet licht in zijn begrepen". Melion traduce: "Flowing fabrics, rich, unconfined, / fabricate chiefly for the women, without faltering, / In this you shall not lightly be blamed" (Melion 2022, p. 316). También hemos consultado la traducción francesa a cargo de Noldus. Ver Van Mander 2008, p. 157.

13. "Gli antichi l'usarono [los paños tremolantes] nelle Baccanti, le quali, o per loro lascivi scherzi, o per l'ebrietà da Bacco, con fare tali, con poco decoro, violentemente si movevano, e così il moto e il vento faceva [*sic*] sorvolare i panni loro anco inhonestamente".

cómo se mecen [*waeyen*] con gracia / las ropas y los velos de las ninfas –dice Van Mander–, / sencillos la mayoría de las veces, y a veces girando / aquí y allá con el viento; y cómo / las ligeras Bacantes [*de lichte Bacchanten*] se balancean, sus antorchas ceñidas de hiedra, / corriendo hacia arriba y hacia abajo por las colinas empinadas" (Van Mander 2004, f. 45r).[14] Los paños tremolantes despiertan visiones orgiásticas. Si el desnudo es apolíneo, el *panneggiare* es estrictamente dionisíaco, báquico. La medida se envuelve en lo carente de medida. Siempre hay dos fuerzas en lucha: la estabilidad de los cuérpos y la inestabilidad de los paños. Y siempre hay que procurar que los segundos no destronen al primero.

Los pliegues mojados

Se denomina pliegues mojados los paños que se pegan al cuerpo como si estuvieran empapados, como puede verse

14. "Hoe gracelijck sie ick alree nu waeyen / des nymphen cleeders, en hooft-doecken seylich, / meest al eenvoudich, en somwijlen draeyen / heen en weer met den windt, en hoe daer swaeyen / de lichte Bacchanten met toortsen veylich, / rennend'op en af den heuvelen steylich". La traducción de Melion dice: "Already I see [in my mind's eye] how gracefully / blow the Nymphs' clothing and streaming veils, / for the most part simply, [in one direction] and every so often / hither and thither with the wind; and how the / nimble Bacchantes sway, their torches wreathed in ivy, / running up and down steep hillsides" (Melion 2022, p. 319).

en la *Victoria de Samotracia*, *Niké atando su sandalia*, las figuras del altar de Pérgamo y otras esculturas de la antigüedad clásica. Su función es la misma que la de los paños tremolantes: dar vida a las figuras, impartiéndoles movimiento a las telas. La diferencia radica en que los paños tremolantes pueden ocultar el desnudo, mientras que los pliegues mojados tienen como propósito descubrirlo con toda claridad:

> Un fuerte viento sirve para apretar contra el cuerpo las telas finas y las sedas, para que (si resultara bien) los muslos, el torso y las piernas del desnudo parezcan reales (Van Mander 2004, f. 44v).[15]

"Si resultara bien", "alst wel conde ghelucken", porque si no es así, "al ser los movimientos de los paños tan propincuos a lo vivo del hombre [*al vivo dell'uomo*, 'al natural'], que se comprende de manera sensible y se toca con la mano, tales movimientos pueden hacer que la figura parezca torcida y torpe [*storpiata e goffa*], provocando

15. "Dees dunne laeckskens oft sijdekens diende, / eenen blasenden windt aen t'lijf te drucken, / op datmen t'naeckt' (alst wel conde ghelucken) / aen dgien, lijf, en beenen aerdich waer siende". La traducción de Melion dice: "A blustery wind should serve to press thin fabrics and silks / against the body, / so that the nude figure's thighs, torso, and legs / (were it to turn out well) appear subtly true" (Melion 2022, p. 319).

tanto desdén como risa en los observadores" (Lomazzo 1585, p. 184).[16] Scannelli es más mordaz:

Tampoco deja de ser reprensible aquél que, a la inversa, por demostrar contar en su formación gran fundamento de saber y extraordinaria diligencia, da a conocer el cuerpo ligado con una miríada casi innumerable de pliegues inapropiados, habiendo figuras con los miembros vendados tan estrechamente, que muestran con vicioso perfeccionamiento los detalles más minuciosos de la anatomía [*il particolare d'ogni più sminuzzata anatomia,* 'lo particular de la más desmenuzada anatomía'].[17]

Como vemos, ahora el peligro no consiste en ocultar el cuerpo debido al revoloteo de los paños, sino, por el contrario, en hacer su anatomía, como Rembrandt en *La lección de anatomía del Dr. Nicolaes Tulp* (1632, Mauritshuis,

16. "Per essere questi moti del panni tanto propinqui al vivo dell'uomo, che sensibilmente si comprende e tocca con mano, che i moti di un panno sono atti a far parere una figura storpiata e goffa, che muoverà stomaco e riso ne' riguardanti".

17. "Nemmeno essere che biasmevole quello che al contrario per dimostrare il pittore nella sua formazione gran fondamento di sapere e straordinaria diligenza, fa conoscere legato il corpo con tritumi quasi innumerabili di pieghe improprie, ed appaiono in fatti figure di tal sorte con le membra strettamente infasciate, palesando con vizioso compimento il particolare d'ogni più sminuzzata anatomia".

La Haya), Quevedo en la silva "A una mujer flaca" ("No os espantéis, señora Notomía ['Anatomía']") (2021, t. 1, p. 650, v. 1) y, en la primera mitad del siglo XX, Man Ray en su famosa *Anatomías*, la versión surrealista, a un tiempo erótica y sombría, del drapeado mojado clásico (Fig. 3). En efecto, los paños no deben "adherirse" al desnudo a la manera clásica, sino, dice Piles, "flotar" a su alrededor y "acariciarlo" (Piles 1989, p. 55).[18] Lección de anatomía, el drapeado mojado es una especie de xerosis, una segunda piel ajada que descubre "lo particular" de la primera. El carácter general de la belleza ideal cede ante lo particular y en lugar de ennoblecer el desnudo, como pretende el *panneggiare*, lo degrada.

Admirador del *Cannocchiale aristotelico* de Emanuele Tesauro (Palomino 1988, pp. 153 y 231), la Piedra de Rosetta de la agudeza barroca, Palomino ya no emplea la voz "acariciar", que sin duda le parecería una ingenuidad, sino "disimular". Sobre todas las cosas, el pintor "ha de poner gran cuidado en que los mismos trazos ['pliegues'] apunten con disimulo el desnudo, no de suerte que parezcan mojados y pegados a la figura, como hacían los antiguos, y especialmente los griegos" (Palomino 1988, t. 2, pp. 256-257). Y aclara todavía: "Que por eso digo con disi-

---

18. "Qu'il prenne garde aussi que la draperie ne soit pas trop adhérente aux parties du corps, mais qu'elle flotte, pour ainsi dire, alentour, que les caresse" (Piles 1989, p. 55).

mulo, no con afectación, que ha habido algunos que hasta los músculos quieren señalar en ellos, sino con un cierto descuido que les apunte y les engalane; y aunque salgan fuera algunos trazos, como para desmentirle, dejar siempre al descuido algún amago en los [pliegues] más inmediatos a la figura" (Palomino 1988, t. 2, p. 257). Llama la atención el vocabulario: *apuntar, disimulo, descuido, desmentir, amagar…* Son voces que los tratadistas italiano del Cuatrocientos y el Quinientos –Alberti, Da Vinci, Doni, Dolce, incluso el manierista Lomazzo– nunca emplearían. Tampoco lo hacen Piles y Scannelli, que son más tardíos. Palomino pertenece ya al tardobarroco español y concibe el *panneggiare* como un arte de la "disimulación honesta", que diría Accetto (2005). La estética del borrón se alía con la ética del disimulo con el fin de "amagar". La meta del *panneggiare* no consiste en descubrir la verdad del desnudo, ni en ocultarla, sino en apuntarla al descuido. Pues "ejecuta más un varón […] con un amago que otros con toda su diligencia" (Gracián 1993, p. 32). "En el amago se ve", dice Paravicino (2009, p. 48, v. 342), o sea, amagar sin dar el golpe es ya una manera oblicua de ejecutarlo. La distinción aristotélica entre *potencia* y *acto* salta en pedazos. La potencia del amago es más ejecutiva que el acto mismo del golpe. Así el *pannegiare* barroco. Aun a riesgo de salirse de la raya, por decirlo así; aunque algunos pliegues "salgan fuera" y "desmientan" el desnudo, aún así apuntar con disimulo la figura es mejor que "pegarse" a ella como pretendían los griegos. Si en la antigüedad clásica la verdad se identificaba con la desnudez (*nuda veritas*), en el Barroco el pudor le impide mostrarse: "Es la verdad una doncella tan vergonzosa cuanto hermosa, y por eso anda siempre tapada" (Gracián 1993, p. 124).[19] A partir del Barroco, la única manera honesta de ejecutar la obra será negarse a ejecutarla.

Los paños por maniquí

Hay dos modos de imitar los paños: "por el natural" y "por maniquí". Imitar "por el natural" es cuando el pintor copia las vestimentas que lleva puestas un modelo real, e imitar "por maniquí", cuando cuelga los paños en un muñeco de madera o de barro, los copia diligentemente y entonces les "pega" la cabeza y la manos, como si fuera una muñeca de papel.

La ventaja de pintar por maniquí radica en que, al no moverse, los paños resultan más fáciles de hacer. "El ser [los pliegues] artificiales, además de belleza, añade facilidad a la operación, ya que los paños se colocan en los lugares previamente seleccionados" (Boselli 1978, f. 94v).[20] *La*

19. Sobre la metafórica de la verdad "desnuda", ver Blumenberg 2003, pp. 105-123.
20. "L'esser fatto […] oltre la bellezza aggiunge facilità al operare, poiche si fa la situazione di panni alli siti proprie che si sono elletti".

prima-[quinta] parte della luce del dipingere de Crispijn de Passe contiene tres grabados que ilustran el método (De Passe 1643-1644, s. p.) (Fig. 4). La desventaja es que si al copiar los pliegues el pintor no tenía cuidado, los resultados podían ser letales. Pacheco, que se oponía rotundamente al empleo de maniquís (aunque parece que él mismo lo hacía), lo explica de la siguiente manera:

Otros muchos [artistas] sobre los modelos desnudos de barro, o cera, con papel mojado componen las ropas y trazos ['pliegues'] para contrahacer ['imitar'] de allí de lápiz negro, o colorado, las figuras vestidas (cosa que le vi hacer a Mateo de Alecio y a otros escultores). Repruébalo Leonardo de Vinci en sus *Documentos*, diciendo "No hagas hábito, como hacen muchos, cubriendo los desnudos con papel, o pergamino, sutil, que te engañarás mucho" (Pacheco 1990, p. 443).

Y abundando en la razón, él mismo explica:

No da [Da Vinci] la razón, pero debe de ser por causar las cascadas crudas y demasiadamente yertas y esquinadas, que ni la seda, ni el lienzo, o paño, lo hacen, sino se pegan al desnudo con más suavidad. También me parece que aun el maniquí vestido no le da mucha vida a la figura, como es cosa muerta; si bien para aguardar es más a propósito que el natural (Pacheco 1990, p. 443).

Aunque pintar por maniquí es más conveniente que imitar el natural para "aguardar", o sea, para descansar durante el posado, aun así presenta dos inconvenientes: los pliegues quedan toscos, rígidos y angulosos, y la propia figura adquiere el aspecto de un muñeco. Por eso, insistirá Piles, "hay que mostrarse extremadamente vigilante para que la tela no conserve nada de la inmovilidad que tiene sobre el maniquí" (Piles 1989, p. 58).[21] De lo contrario, el desnudo podría perder "los caporales [*caporelli*, aquí, 'testículos', 'los que mandan'], el ombligo, el miembro, las rodillas y otras partes de la vida [*parte della vita*]" (Boselli 1978, f. 94v).[22] Los paños por maniquí destruyen las órganos vitales del cuerpo, a saber, el pene, los testículos, el vientre y la entrepierna.

Cuenta Palomino que Zurbarán "era tan estudioso, que todos los paños los hacía por maniquí, y las carnes por el natural" (1986, p. 198). El desnudo no constituye el punto fuerte de Zurbarán, como se aprecia en la serie de los *Trabajos de Hércules* que pintó para El Salón de Reinos del Buen Retiro (1634, Museo del Prado). Es fundamentalmente un pintor de paños y de paños por maniquí: táctiles, pesados y yertos. Al verlos, a menudo se tiene la

21. "Il faut être extrêmement prendre garde que la draperie ne conserve rien de l'immobilité qu'elle a sur le mannequin".
22. "Bisogna stare canto col mettere materia, non perdere li caporelli, il belico, il membro, ginocchia et altre parti della vita".

impresión de que el vestido preexiste al desnudo. No se sabe bien si la vestimenta es un apéndice del cuerpo o éste un apéndice de la vestimenta. La grandeza de Zurbarán no reside en el movimiento, sino, por el contrario, en el estatismo. Pintaba monjes cartujos como si él mismo fuera uno de ellos: *Stat Crux dum volvitur orbis*, 'la Cruz estable mientras el mundo gira'. Su mundo se mantiene tan estable como la Cruz de los cartujos; no se mueve ni una hoja. "Ni el humo, ni vapor, ni la neblina. / Lejos de aquí ese aliento que destruye", escribió de él Rafael Alberti (1967, p. 94). La cortina de *Fray Gonzalo de Illescas* (1639, Real Monasterio de Santa María de Guadalupe), avanza hacia el obispo como un flujo de lava. No importa lo que pinte, el resultado siempre es una naturaleza muerta, como sus célebres *Naturaleza muerta con limones, naranjas y una rosa* (1633, Norton Simon Museum, Pasadena) y *Bodegón con cacharros* (h. 1650, Museo del Prado). Se rehúsa al cambio. La figura está poseída por el fantasma del maniquí y, como apunta Faure, "las vestiduras grises o blancas caen rectas como sudarios [*tombent droit comme des suaires*]" (Faure 1920, p. 124).

Algunas de las figuras de Zurbarán parecen ser auténticos maniquíes vestidos. Así, por ejemplo, san Hugo en *San Hugo de Lincoln* (h. 1637-1639, Museo Provincial de Bellas Artes, Cádiz), donde no sólo los paños, sino también la actitud de la propia figura, son "cosa muerta". Der Grinter ha identificado otros ejemplos parecidos en la pintura holandesa; aunque las figuras pretenden ser de carne y hueso, algunas de ellas son maniquíes vestidos: la *Alegre compañía* (h. 1620-1622, Szépmüvészeti Múzeum, Budapest) de Willem Buytewech, *Los efectos de la intemperancia* (1663, National Gallery, Londres) de Jan Steen, *La visita del pretendiente* (h. 1658, National Gallery of Art, Washington, D. C.) de Gerard ter Borch y otros (Der Grinter 1962, pp. 164-175). La naturaleza viva se desdobla en naturaleza muerta.

La física de los paños

Los movimientos de las telas que no provienen del viento, como los paños tremolantes y los pliegues mojados, se deben a la combinación de dos factores: la caída natural de la tela y los "plegamientos" (*piegamenti*) y "actitudes" (*attitudini*) de los cuerpos.

Cada tela tiene su propia caída y, por lo tanto, su propia emotividad. Al ser pesado, el terciopelo no revela las mismas emociones que la seda, que es más ligera, ni refleja la luz de la misma manera. "En orden a los trazos ['pliegues'], además de lo que el mismo natural enseña, ha de poner gran cuidado en que estos sean apropiados a la naturaleza del paño que pretende representar; pues si es grueso, como un sayal u otros semejantes, es menester que los tra-

79

zos sean francos y no delgados, ni agudos en las quiebras o senos que hicieren. Y asimismo, si es de seda, tenga aquel lustre y ligereza de trazos, cascadas y quiebros que según su especie le pertenece, para lo cual importa muchísimo la vista y observación del natural; y más si es un tafetán sencillo, un volante, una toca o un cendal, en que es preciso que la delgadeza y ligereza de los trazos demuestre la calidad de lo que representa" (Palomino 1988, vol. 2, p. 256).

Al mismo tiempo, las distintas actitudes del cuerpo –correr, sentarse, abrir los brazos, desmayarse, etc.– producen distintos tipos de pliegues. El plegamiento del antebrazo, por ejemplo, hace que el bajo de la manga se arrugue mucho, mientras que en las figuras sedentes, la zona del muslo y la rodilla, llamada *plaza* (*piazza*, en italiano) o *claro* debido a su espaciosidad y amplitud, es bastante lisa y recibe más luz. Siempre que pueda, dice Palomino, "[el pintor] ha de observar [...] algún golpe de luz, o plaza grande de claro, en los paños, porque da gran majestad a la figura y a la obra" (1988, t. 2, p. 256). La emoción de las plazas es la majestuosidad. Y Boselli: "El primero y más propio lugar de las plazas son los muslos, que son, o enteramente lisos, o con pliegues bajos y muertos apenas señalados".[23] El capítulo "Cómo se deben hacer los pliegues"

23. "Il primo et proprio loco delle piazze sono le coscie, le quali o sono lisce affatto, o con pieghe basse e morte pochissimo segnate".

concluye: "Para concluir, el orden que aportan los rompimientos de los paños con pliegues sueltos y distendidos, altos y bajos, con plazas en los lugares más sobresalientes, son la quintaesencia del *panneggiare* y quien esto sepa observar será llamado de buen gusto" (Boselli 1978, f. 97r).[24]

El *panneggiare* es una suerte de física y no es casualidad que Da Vinci lo estudiara con la misma atención que dedicó a "los movimientos y varias inquietudes" del agua (2017, p. 107). Cada fuerza (el viento, los "plegamientos" de los miembros del cuerpo, la ligereza de un tejido frente a la pesantez de otro) actúa sobre la tela, inquietándola y curvándola de manera diferente, arrancándole distintas emociones.

Los tipos de pliegues

Como intuía Deleuze en su estudio sobre Leibniz, los pliegues constituyen "la operación más maravillosa [*maravigliosa*] de la vestimenta de las figuras, ya sean esculpidas o pintadas" (Boselli 1978, f. 96v).[25] Su morfología depende

24. "Per conclusione, l'ordine ch'apporti rompimenti di panno con pieghe tirate e lente, alte e bassi, con piazza a luoghi di soppra mostrati, sono la quintessenza del panneggiare e chi ciò savrà osservare, sarà intitolato di bon gusto".
25. Deleuze 1989 y 2006. El trabajo de Deleuze no trata sobre la pintura, sino sobre el concepto de diferencia en Leibniz, que él deno-

de tres factores: la forma del pliegue, el número y la profundidad de los senos.

En términos generales, hay dos tipos de pliegues: los pliegues rotos (*rotte, cassés*), secos (*secs*) y ladeados (*laterate*, 'angulosos'), "con ángulos agudos, crudos y rápidos" (*angoli acuti, crudi e spediti),* pliegues "en escalera"; y los pliegues llenos (*salde*) y sueltos (*lente*), curvados (*curvate*) o semicirculares (*semicircolare*), "con ángulos casi imperceptibles" (*angoli quasi insensibili*) o "sin ningún angulo (*senz'alcun angolo)*", los pliegues "en cascada". En el lenguaje de la física de ondas, podríamos llamarlos *ondas de sierra* y *ondas sinusoidales,* cada una con su dirección de vibración (transversal o longitudinal) y su dimensión de propagación (unidimensional, bidimensional o tridimensional). Volpato lo explica así:

Dos son las maneras de hacer paños, una se expresa con líneas curvas y la otra con todos los ángulos y líneas rectas.

mina, de manera metafórica, "pliegue". (Leibniz mismo no habla de "pliegues", sino de "vetas", "huellas", "gérmenes" o "virtualidades", que vienen a ser lo mismo). No obstante, sus observaciones sueltas acerca del *panneggiare* en El Greco, Bernini, Spinazzi y Corradini (1989, pp. 155-157; 2006, p. 360) son muy atinadas: "Los pliegues del vestido adquieren autonomía, amplitud, y *no por una simple preocupación decorativa* [cursivas en el original], sino para expresar la intensificación de una fuerza espiritual que se ejerce sobre el cuerpo" (1989, p. 156). Sin duda, es así. El *panneggiare* es el éxtasis de la figura.

Pero entiéndeme bien [Octavio, el interlocutor de Florindo], porque hablo por comparar. Aquéllos con líneas curvas se ven en las obras de Rafael, Miguel Ángel, Parmigianino y otros que gentilmente rodean [*circondano*] el desnudo, mostrando gracia, suavidad y *leggiadria*. Aquéllos con ángulos se ven en las obras de Tintoretto, donde, moldeados por los pliegues de las extremidades en forma de ángulos agudos, van buscando [*vanno ricercando*] el desnudo con bizarro capricho (Bordignon 1994, p. 410).[26]

A cada tipo de pliegue le corresponde una letra. Hay "quien usa las líneas curvas como la letra S, como Parmigiano, quien la letra Z, como Tintoretto" (Bordignon

---

26. "Due son le manière di far panni, l'una s'esprime con linea curva, l'altra con tutti gli angoli e linee rette. Ma intendemi in sano modo, perche parlo per comparazione. Quelli di linee curve si veggono nelle opere di Raffaello, Michelangelo, Parmegiano ed altri che gentilmente circondano il nudo, dismostrando grazia, soavità e leggiadria. Quelli con angoli si veggono nelle opere del Tintoretto, ove formate dalle piegature de'membri le falde in forma di angoli acuti vanno ricercando il nudo con bizzarro capriccio". *Leggiadria* es término técnico de la pintura, muy del gusto del Greco, que vale "un cierto porte de la persona representada en la pintura, tan ágil y ligero, que parece que la figura flotara y casi no tuviera peso, sino que se sostuviera con suma ligereza [*un certo portamento della persona rappresentata in pittura così leggiero e agile, che pare ch'ella si muova e quasi non abbia peso, ma leggierissimamente si sostenti*]" (Baldinucci 1681, s. v.). Al ser así, hemos preferido dejarlo sin traducir.

1994, p. 420) (Figs. 5-6).[27] Merece la pena recordar las palabras del autor de *S/Z*: "Z es la letra de la mutilación: fonéticamente Z restalla como un látigo castigador; gráficamente, lanzada al sesgo por la mano a través de la blancura igual de la página, entre las redondeces del alfabeto, como un filo oblicuo e ilegal, corta, tacha, raya; desde el punto de vista balzaciano, esta Z (que está en el nombre de Balzac) es la letra del desvío" (1980, p. 89). Algo similar podría decirse de los pliegues en forma de Z de Tintoretto: cortan, tachan y rayan la tela con la marca ilegal del Zorro.

Como apunta sagazmente Piles, los pliegues en forma de Z reflejan el "gusto gótico" alemán (1736, p. 84),[28] mientras

---

27. "E cosí nel panneggiare chi usa le line curve come la lettera S, come il Parmigiano, chi la lettera Z come il Tintoretto" (Bordignon, p. 420).

28. "El gusto alemán es el que comúnmente se llama gusto gótico. Responde a una idea de la naturaleza tal como se presenta ordinariamente con sus defectos, y no como podría ser en su pureza. Los alemanes han imitado la naturaleza sin escoger y han vestido exclusivamente a sus figuras con largos paños de pliegues secos y quebrados. Se preocupan más por terminar sus objetos que por disponerlos bien [*Le goût allemand est celui qu'on appelle ordinairement goût gothique. C'est une idée de la nature telle qu'elle se voit ordinairement avec ses défauts, et non comme elle pourrait être dans sa pureté. Les allemands l'ont imitée sans choix et ont seulement vêtu leurs figures de longues draperies, dont les plis sont secs et cassés. Ils se font plus arrêter à finir leurs objets qu'à les bien disposer*]". Citamos por la edición del año 1736, ya que la reedición moderna de Gallimard no incluye el importante capítulo acerca de "El gusto de las naciones".

que los pliegues en forma de S tienen un carácter sensual más mediterráneo. De aquí la singularidad de figuras como Tintoretto y, añadimos nosotros, El Greco, que siendo pintores tardo-renacentistas o "manieristas", se apartan de la sensualidad clásica mediterránea y practican una línea zigzagueante, neogótica o, en el caso del Greco, neobizantina, que se adelanta al *wildstyle* del grafiti neoyorquino de los años setenta y ochenta (Gottlieb 2008). Son pintores deliberadamente anacrónicos, regresivos en relación con la línea curva del Renacimiento, pero progresistas frente a la grafía angular del *wildstyle*. Aunque resulte paradójico, la marca de su modernidad radica en su goticismo retardatario.

La preceptiva de la época se inclina a favor de los pliegues curvados de Rafael, por razones obvias: rodean "gentilmente" el desnudo, mostrando "gracia, suavidad y *leggiadria*". No así los pliegues de sierra de Tintoretto y El Greco, que en lugar de rodear el desnudo, lo buscan o lo persiguen, *ricercare*, "con bizarro capricho".

La etimología de la voz *capricho* es incierta. Según Corominas, originalmente quería decir 'horripilación, escalofrío', de capo, 'cabeza', y el adjetivo riccio, 'erizado', 'cabeza erizada', como el cartel de *Eraserhead* de David Lynch (Corominas 1991, s. v.). En relación con la pintura, *capricho* quiere decir "pensamiento propio e invención. De aquí, 'hecho con capricho o fantasía', es decir, con pensamiento e invención propios" (Baldinucci 1681, s. v.).[29] El *pannegiare* es así el lugar privilegiado de la invención caprichosa, una invención vagamente horripilante, como son muchos de los cuadros del Greco, que pone los pelos de punta. La forma se deshace en el ritmo de los pliegues. La mano se libera del ojo y éste del pensamiento. El ojo percibe pero no sabe; zigzaguea a tientas. Como observa Valéry con respecto al dibujo de un pañuelo arrugado: "No hay *cliché* ni recuerdo que permita dirigir el trabajo como se hace al dibujar una figura de árbol, hombre o animal, que se divide en porciones bien conocidas. Aquí es donde el artista puede ejecutar su inteligencia" (Valéry 2005, p. 44).[30] Las arrugas del pañuelo escapan a la idea preconce-

---

29. "Propio pensiero e invenzione. Quindi, fatto a capriccio o di fantasia, cio di propio pensiero e invenzione".

30. Igualmente incisivas son sus observaciones sobre el *Estudio de un paño* de la pintora Marie-Elisabeth Wrede, que por ser poco conocidas nos permitimos traducir íntegramente: "Pero una de esas obras entre todas me llamó la atención. Una bata de seda al estilo oriental, ligeramente abombada, *como sentada* [cursivas en el original] sobre un banco acolchonado, es el tema de este dibujo. Muchos maestros se han ejercitado en el complejo juego de representar los tejidos. Los paños de Leonardo son célebres. En los temas de esta especie textil, *no hay esqueleto, no hay necesidades aparentes ni previsibles del modelo, no hay relaciones de formas preestablecidas*. Sólo el fluir y las tensiones accidentales de la tela, combinados con los efectos de la pesantez, el abandono de la masa en su conjunto y la formación local de los pliegues, todo ello formando una figura en un equilibrio no geométrico, sino analítico; una

bida del "pañuelo" y lo descubren a cada trazo. Parecidas son las palabras del pintor barroco Carlo Maratta (1625-1713) en el sentido de que "los paños no tienen forma natural [*non hanno forma naturale*] y dependen completamente del arte, así como del conocimiento del diseño, para saber adaptarlos" (Bellori 1731, p. 207).[31] Por esta razón, continúa explicando Maratta, "vemos que no pocos pintores y escultores han tenido más éxito en la formación de una figura desnuda que en vestirla con paños, gracias a la diligencia en la imitación. Por lo tanto, al no encontrar ejemplo en los paños, es necesario recurrir con mayor dificultad a la destreza artística" (Bellori 1731, p. 207).[32] Los pliegues de los paños no tienen equivalente formal en la naturaleza. Son "garabatos". La destreza artística se libera de la imitación diligente. Sin romper del todo con la

superficie continua, pero cuya ley no puede resumirse. Para dibujarla, es necesario, por tanto, que el espíritu intervenga constantemente, elabore lo que se ve y prepare a mano sus actos, los cuales finalmente deben determinar la forma de lo informe y la construcción de la imagen de una disposición conseguida en parte por el azar" (Valéry 1962, pp. 228-229, donde se reproduce el dibujo de Wrede).

31. "I panni non hanno forma naturale e dipendono in tutto dall'arte e dall'erudizione del disegno nel saperli adattare".

32. "Per tale ragione vediamo che non pochi pittori e scultori, con la diligenza dell'imitazione, sono riusciti meglio nel formare un ignudo che nel panneggiarlo. Sicché dei panni, non trovandosi esempio, è necessario ricorrere all'industria dell'arte con modo più difficoltoso".

mímesis, el *panneggiare* abre zonas locales de "invención" que rozan la abstracción. Se pinta con la mente en blanco. "El pintor disfruta en esta parte de una total libertad para desahogar su genio, aumentando o representando las cosas a su antojo [*capriccio*] (siempre que no se abstraiga de la propiedad de la cosa)" (Bordignon 1994, p. 409).[33] ¿Se abstrae de la propiedad de la cosa? Es la dialéctica constitutiva del panneggiare: representar la cosa, apartándose de ella.

Volviendo a la forma de los pliegues, habría que averiguar mejor cuál de los dos tipos resulta, no más *parecido* a los dobleces naturales de la tela, sino más *expresivo*. Para la tratadística de la época hay pocas dudas: los pliegues orgánicos de Rafael son más parecidos. Así, explica Lomazzo, "los movimientos de las paños, es decir, de sus capas o pliegues, deben extenderse por todas partes, al igual que las ramas de un árbol; haced, pues, que un pliegue nazca del otro, como una rama brota de otra, o como una ola surge de otra, de modo que no haya ninguna parte de la tela en la que no se vean casi los mismos movimientos. Ahora bien, estos movimientos deben ser moderados, fáciles y libres, sin interrupciones, y que muestren más bien gracia y facilidad que aquella maravilla fruto de un

33. "Ha il pittore in questa parte una totale libertà di sfogare il genio suo accrescendo o scenando le cose a suo capriccio (eccetto però quando non è astratto dalla proprietà della cosa)".

estudio afectado y un esfuerzo excesivo" (Lomazzo 1585, pp. 182-183).[34] Y citando expresamente la pintura veneciana del momento –Tiziano, Tintoretto, Veronese y Jacopo Bassano, entre otros–, añade: "A éstos se añaden otros movimientos, que se denominan doblados y ahuecados [*vòlti e traversi*], y son propios de los damascos, rasos, ormesíes y similares, en los cuales se ven los pliegues huecos y rotos [*traversate e rotte*] a causa de las diferentes fuerzas del tejido; *de donde los venecianos han tomado su manera de tratar los paños y hacer pliegues muy alejados y opuestos a los mencionados movimientos que siguieron Rafael y los demás*" (Lomazzo 1585, pp. 183-184).[35] En cam-

34. "I moti dei panni, cioè delle loro falde, o vogliam dir, pieghe, hanno da scorrere in tutte le parti, non altrimenti che rami da tronco d'arbore; e così fare, che una piega nasca dall'altra, come esce l'uno dall'altro ramo, ovvero onda da onda, in modo che non vi sia parte alcuna del panno nella quale non si veggiano quasi tutti i medesimi moti. Ora vogliono questi moti essere moderati, facili e liberi, senza interrompimenti, e che mostrino piuttosto grazia e facilità che maraviglia d'affettato studio e gran fatica".
35. "Con questi si aggiungono altri moti, che si dimandano vòlti e traversi, e sono propri de'damaschi, rasi, ormesini, e simili, nei quali si veggono le falde traversate e rotte fra di loro, per le diverse forze del drappo; donde hanno cavato i veneziani quel loro modo di panneggiare, e far falde molto rimoto e ripugnante ai detti moti che seguiron Raffaello e gli altri". *Ormesini* u *ormesíes*, en español, es "tela de seda casi del mismo modo que el chamelote, aunque más delgada, que hace con la prenda unos vivos que llaman aguas" (*Autoridades*, s. v.). También se lo llamaba "mue" o "muer", del

bio, en su seminal *Abstracción y naturaleza*, Worringer ha demostrado que los pliegues zigzagueantes del gótico septentrional tienen su propia vitalidad, una vitalidad que podría considerarse superorgánica (*überorganischen*) porque aunque no obedece las leyes de la belleza sensual clásica, tampoco puede confundirse con la línea puramente abstracta y negadora de vida del arte egipcio. El gótico posee, dice Worringer, "una expresividad intensificada, sobre una base inorgánica" (1975, p. 111), como el *pathos* a un tiempo excitado y mecánico de una "marioneta" (1975, p. 113). Algo parecido podría decirse de los pliegues en forma de *Z* de Tintoretto y El Greco. Aunque carecen de la "suavidad y *leggiadria*" del *panneggiare* rafaelesco; aunque no son pliegues "moderados, fáciles, libres y sin interrupciones", sino "rotos" y "forzados", por ello mismo resultan más expresivos que los de Rafael. Tienen movimientos mecánicos de marioneta, derivados, en el caso de Tintoretto, de la *commedia dell'arte* a la que era aficionado. No fluyen de rama en rama o de onda en onda, como prescribe Lomazzo, sino que van dando bandazos, como sacudidos por una súbita descarga eléctrica. Lo que Lomazzo, con tono de desaprobación, denomina "maravilla" ("aquella maravilla [maraviglia], fruto de un estudio

francés *moiré*, "especie de ormesí de aguas" (*Autoridades*, s. v.). Es posible que se refiera, como explica Stevens, a un tipo de seda persa, proveniente de la ciudad de Ormúz (Stevens 1706, s. v.).

afectado y un esfuerzo excesivo") no es sino el efecto de este calambre: *Arlecchino elettrizzato*.[36]

El número de pliegues

Para no caer en "la impaciencia y abundancia de los caprichos [*capricci*] de Tintoretto" (Bordignon 1994, p. 429), además de suavemente curvados, los pliegues deben ser "grandes y en pequeño número, tanto como sea posible, siendo esta máxima una de las cosas que más contribuye a lo que se llama *gran maniera*, porque los grandes pliegues dividen menos la vista y su rica simplicidad es más susceptible de grandes luces" (Piles 1989, p. 56).[37] La *gran maniera* prefiere lo simple ('un pliegue') a lo com-plicado ('plegado enteramente'), lo liso a lo estriado. Un solo pliegue es prácticamente imposible; por su propia estructura radicular, los pliegues se extienden en grupos: "Pliegues de buen gusto son aquellos que se colocan con arte cerca de un grupo de pliegues sueltos, a menudo junto a una gran plaza ['un gran claro'], pocos, pero no solos"

36. Nos referimos al título de una de las comedias de Goldoni que nunca llegó a representarse: *Arlecchino elettrizzato*.
37. "Les plis doivent être grands et en petit nombre, autant qu'il sera possible: cette maxime étant une des choses qui contribue davanta-ge à ce qu'on appelle grande manière, parce que les grands plis par-tagent moins la vue, et que leur riche simplicité est plus susceptible de grandes lumières".

(Boselli 1978, f. 96r).[38] Pero si el grupo es demasiado numeroso, entonces engendra "confusión": "Así como la demasiada dureza empobrece la figura y le resta elegancia, así también el exceso de pliegues genera confusión [confusione] y no gusta" (Dolce 2010, p. 148).[39] "Al paño no se le debe dar confusión [confusione] de muchos pliegues –dice Da Vinci–, sino hacerlos únicamente donde lo ameritan los puños o las mangas, y el resto debe dejarse caer simplemente [semplicemente] donde lo arrastra su naturaleza, sin que la figura se vea atravesada por demasiadas líneas o rompimientos de pliegues" (2006, p. 374).[40] Los

38. "Pieghi di buon gusto sono quelle le quali ad arte sono tirate, vicino a gruppi lenti, spesso vicino a gran piazza, poche, ma non sole".

39. "Si come la troppa sodezza fa la figura povera e non la rende garbata, così le molte falde generano confusione e non piacciono". La traducción de Arroyo Esteban presenta dos errores: "De la misma manera que *su dureza* hace a la figura pobre y desgarbada, el exceso de *faldones* genera confusión y no gusta" (Dolce 2010, p. 149). El texto no trata sobre la dureza de la figura, sino la de los pliegues. De la misma manera que la dureza *de los pliegues* hace a la figura desgarbada, así también el exceso de *pliegues*, no de faldones, engendra confusión. *Falde* no quiere decir aquí "faldones", sino pliegues, como en Lomazzo: "I moti dei panni, cioè delle loro falde, o vogliam dir, pieghe"; y en Volpato: "Le falde in forma di angoli acuti vanno ricercando il nudo".

40. "Ad un panno non si deve dare confusione di molte pieghe, anzi farne solamente dove colle mani o braccia sono ritenute, ed il resto sia lasciato cadere semplicemente dove lo tira la sua natura, e non sia intraversata la figura da troppi lineamenti o rompimenti di pieghe".

grabados de Heinrich Aldegrever son dignos de alabanza por lo que respecta a la representación del desnudo y de las "vestimentas extrañas", pero "sería deseable que los paños no fuesen tan confusos, llenos de pliegues y de arrugas" (Van Mander 2000, p. 184) (Fig. 7).[41] La vestimenta puede ser exótica (vreemde), pero el panneggiare mismo nunca debe ser confuso (confuus). El ojo no admite dudas. "Como el ojo nunca debe tener dudas acerca de su objeto, el primer efecto de los paños es hacer conocer lo que cubren, en primer lugar, la desnudez de las figuras" (Piles 1989, p. 55).[42] Los pliegues le restan definición al desnudo: "El pintor debe, antes de disponer los paños, definir el desnudo de sus figuras para formar pliegues sin equívocos" (Piles 1989, p. 55).[43]

41. "Dese zijn printen zijn van naeckten, ordinantien, vreemde clee-dinghen, en fraey suyver snede, seer uytnemende, en weerdigh te bewaren: doch waer te wenschen, hy niet so confuys had geweest in zijn laken, met te seer te kroken en vouwen" (Van Mander 2004, p. 227v). De Mambro Santos traduce: "Le sue incisioni sono-per quanto riguarda la resa dei nudi, la composizione, gli abbigliamenti eso-tici e il trattamento minuzioso e delicato-opere massimamente degne di lode e meritevoli di essere conservate, benché egli si dimos-tri, talvolta, eccessivamente abbondante e confuso nella resa dei pan-neggi, troppo pieni di grinze e di pieghi" (Van Mander 2000, p. 184).
42. "Comme il ne faut pas que l'oeil soit jamais en doute de son objet, le premier effet des draperies est de faire connoître ce qu'elles couvrent, et principalement le nudité des figures".
43. "Le peintre doit, avant de disposer les draperies, définir le nu de ses figures pour former des plis sans equivoque".

La profundidad de los pliegues

Cada pliegue tiene dos partes, una parte superior, llamada lomo, "la parte por donde se doblan las pieles, tejidos y otras cosas" (*Autoridades*, s. v.) o *contorno* (*intorno*, en italiano), y una parte inferior que tiene múltiples nombres: *barrancos* (*balzi*), *valles* (*valle*), *fondos* (*fondi*), *bolsas* (*sacken*), roturas (*rompiture*), *quiebres* o *senos* (Palomino), *hundimientos* (*maccature*) u ojos (*occhi*), los ojos del pliegue.[44] Los paños se componen de lomos ("se llama también la tierra que se levanta en el campo arado, entre surco y surco" [*Autoridades*, s. v.]), valles y barrancos, como si fueran un paisaje montañoso. Los lomos o la parte elevada del pliegue están expuestos a la luz, mientras que los barrancos se sumergen en la oscuridad, de manera que

44. "Pliegues muy pronunciados y oscuramente sombreados, con infinitos contornos y estilos de ojos de pliegues [*pieghe assai e scuramente adumbrate, con infiniti d'intorni e manière d'occhi di pieghi*]" (Doni 1549, f. 16r); "de la calidad de los ojos y hundimientos [*dalla qualità de gli occhi et ammaccature*]" (Boselli 1978, f. 95r). *Maccatura* o *ammaccatura*, del verbo ammacare, "usasi in pittura e scultura a indicare quella fineza dell'arte, per cui si viene a mostrare una leggiera compressione nei panni o nelle membra" (*Lessicografia della Crusca in rete*, s. v.). En términos generales, se refiere a las "abolladuras" o las pequeñas concavidades que se forman en la piel de las personas. Quizá podría traducirse como "hundimiento", "abolladura", "depresión". Como la piel de las personas, los paños sufren *maccature*, "hundimientos", "depresiones" de la superficie.

por su propia naturaleza el paño crea un intrincado juego de luces y sombras, un auténtico claroscuro.

Ahora bien, si el paño tiene muchos barrancos, o éstos son demasiado profundos, el desnudo pierde corporeidad y se desmiembra. Los lineamientos de los pliegues crean confusión, mientras que la oscuridad de los barrancos corta (*tagliere*), ahueca (*ammaccare*), perfora (*sfondere*) o atraviesa (*traversare* o trafiggere) la solidez de los volúmenes. "Los pliegues de los paños relacionados con cualquier acto de las figuras –dirá Da Vinci–, deben mostrar siempre con sus lineamientos la acción de tal figura, de manera que no causen ambigüedad ni confusión [*non dieno ambiguità o confusione*] sobre las verdaderas actitudes en quien las considere, *y que ningún pliegue corte* [*tagli*] *algún miembro con la sombra de su profundidad*, es decir, que parezca más honda la profundidad del pliegue que la superficie del miembro vestido" (Da Vinci 2006, p. 377).[45] Si la hondura de los pliegues es más profunda que la superficie de las extremidades, la corta. Lo bello es terso, no tiene barrancos; "lo bello consiste en la superficie [*superficie*], y no en los fondos [*fondi*], y comete un grave

45. "Sempre le pieghe de' panni situate in qualunque atto delle figure debbono con i loro lineamenti mostrare l'atto di tale figura in modo che non dieno ambiguità o confusione della vera attitudine a chi le considera, e che nessuna piega coll'ombra della sua profondità tagli alcun membro, cioè che paia piú dentro la profondità della piega che la superficie del membro vestito".

error el maestro que crea que con éstos [con los pliegues profundos] consigue asombrarnos" (Boselli 1978, f. 99r).[46] Antes bien, "los pliegues de los paños deben mostrar los miembros humanos de modo que ni el más mínimo contorno (*intorno*) u oscuridad en la obra pueda cortarlos (*tagli*) o abollarlos (*ammacchi*) más de lo debido" (Doni 1549, f. 16r).[47] De la misma manera que la naturaleza aborrece el vacío, así la unión (*beklijvend*), el empalme natural de los pliegues no admite bolsas (*sacken*):

Como ramas que crecen de un árbol, deja que los pliegues se unan [*beclijven*] entre sí: evita los pliegues de bolsillo [*sackployen*], para que al colgar los paños no se encuentren bolsas [*sacken*] y queden tirantes y extendidos; y configura tus pliegues y arrugas de manera que siempre se pueda ver dónde comienzan y se doblan, como puede observarse en la naturaleza (Van Mander 2004, f. 43r).[48]

46. "Torno a dire che sempre il bello consiste nella superficie, e non nei fondi, e che il maestro è in grande errore il quale con essi pensa di farne stupire".
47. "Le pieghe di panni debbono mostrar le membre umane in modo che un minimo di intorno o oscurità d'opra non lo tagli et ammacchi più del dovere".
48. "Ghelijck als uyt den boom wassen de tacken, / van yet dat uyt steeckt, oft verheft. / Laet de vouwen uyt malcander beclijven. / Sackployen vermijdt, datter in't ontpacken / des lakens ghevonden niet worden sacken, / wanneer men dat mocht uyt recken oft stijven; / en maeckt datmen altijt mach sien waer blijven / en beginnen u

Lomazzo se queja de los paños excesivamente "doblados y ahuecados [*vòlti e traversi*]" de la pintura veneciana de la segunda mitad del Quinientos, "en los cuales se ven los pliegues huecos y rotos [*traversate e rotte*] por las diversas fuerzas del paño" (Lomazzo 1585, p. 183). Traversare quiere decir 'atravesar', en el sentido de 'cruzar o pasar a través de algo', 'horadar', 'agujerear'.[49] Al ser más profundos que la superficie del desnudo, los pliegues atraviesan el cuerpo como si fuera un queso suizo o una madriguera con multiples entradas y salidas.

Según "algunos", los paños tremolantes de Bernini sufren del mismo defecto. Están demasiado *trafitti*, 'aguje-

vouwen oft pinsueren, / ghelijck men dat sien mach in der natueren".
Melion traduce: "Like branches growing from a tree, / let the folds sprout, one from the other: / avoid pocket-folds, so that bags of cloth / be not found after the stuffs are unpacked, / stretched out and held taut; / and fashion your folds and ridges so that one may always / see where they continue and commence, / as may be observed in nature" (2022, p. 315).

49. Así en Baldinucci, que parafrasea a Da Vinci: "Los pliegues deben acomodarse de tal manera que no supriman por completo la forma de la parte que visten ni impidan ver la actitud o postura de la figura; *ni tan profundos que excedan la superficie de las partes cubiertas, como si las perforaran o las troncharan* ["*Le pieghe debbono esser talmente accomodate, che non tolgano in tutto e per tutto la forma a quella parte che vestono o impediscano il vedere l'attitudine o posa della figura; né tanto profonde che eccedano la superficie delle membra vestite, quasi che le sfondino o tronchino*]" (Baldinucci 1681, s. v. *panneggiare*).

reados', del verbo *trafiggere*, 'herir en profundidad', 'tras-pasar' (con una espada, por ejemplo). "Quizá nunca haya existido nadie antes de nuestro tiempo y del suyo que manejara el mármol con más facilidad y franqueza", comienza el pasaje:

Dio a sus obras una ternura maravillosa, de la cual aprendieron luego muchos grandes hombres que han trabajado en Roma en tiempos recientes. *Y aunque algunos criticaban los pliegues de sus estatuas, considerándolos demasiado fruncidos y demasiado agujereados [troppo ripiegati e troppo trafitti]*, él consideraba que eso era un mérito particular de su cincel, pues con él había logrado superar la gran dificultad de hacer que el mármol se volviera flexible, por decirlo así, y acoplar en cierto modo la pintura y la escultura.[50]

Recordemos nada más su famoso *Éxtasis de santa Teresa* (1645-1652, Iglesia de Santa María de la Victoria, Roma),

50. "Non fu mai forse avanti ai nostri e nel suo tempo chi con più facilità e franchezza maneggiasse il marmo. Diede all'opera sua una tenerezza maravigliosa, dalla quale appresero poi molti grandi uomini che hanno operato a Roma nei suoi tempi; e sebbene alcuni biasimavano i panneggiamenti delle sue statue come troppo ripiegati e troppo trafitti, egli però stimava che quello fosse un pregio particolare del suo scarpello, il quale in tal modo mostrava di aver vinta la gran difficoltà di rendere, per così dire, il marmo pieghevole, e di sapere in un certo modo accoppiare insieme la pittura e la scultura".

una de las cimas del *panneggiamento* de todos los tiempos y donde la idea misma de "éxtasis", 'salir fuera de sí', se alcanza, no tanto gracias a los *moti* y las *attitudini* de las figuras, cuanto al intenso dinamismo de los pliegues (Fig. 8). El cuerpo de la santa como tal se reduce a un pie, una mano y parte del rostro; todo lo demás son lomos y barrancos, "condensaciones" en las que ya no se sabe dónde termina el cuerpo y empiezan las nubes. Quedaba así expedita, dice Lanzi, "la vía para el capricho [*la via al capriccio*]", por la que se despeñaron, no sólo otros escultores, como Alessandro Algardi, sino además pintores como Giovanni Francesco Romanelli, Pietro da Cortona y Baciccio, todos los cuales se dejaron influir por aquel estilo "que, por mucho que tenga de bello, no deja de ser algo amanerado, especialmente en los pliegues de los paños" (Lanzi 1809, s. p.). Las duras críticas que el mismo Lanzi lanza contra la pintura de Carlo Maratta retoman muchos de los motivos que ya conocemos: "Tanto quita al espíritu cuanto añade a la industria. Lo menos elogioso en él es el plisado de los paños [*il piegar de'panni*], donde, por celo del natural, ideó un sistema que tritura las masas [*trita le masse*], no da cuenta suficiente del desnudo y a veces le resta agilidad a las figuras" (Lanzi 1809, s. p.).[51]

51. "Tanto leva allo spirito quanto aggiunge alla industria. Il men lodato in lui è il piegar de' panni; ove per zelo del naturale si formò un sistema che trita le masse, non rende a sufficienza conto del nudo, e le figure talvolta fa meno svelte".

Estamos ante lo que Deleuze llamaría un Cuerpo sin Órgano (CsO), a saber, "el cuerpo no formado [...] y todo lo que circula por ese cuerpo" (1988, p. 51). El cuerpo se libera de la forma orgánica gracias a la fuerza trituradora de los pliegues.

La gracia del panneggiare

A pesar de todas las reglas que rodean el *panneggiare*, en realidad, "para aprender a hacer paños no se puede adoptar ningún tipo de orden o proporción, o de medidas que de alguna manera se pueda adquirir mediante reglas" (Doni 1549, ff. 16rv).[52] A diferencia de otras partes de la pintura, como la perspectiva, la anatomía y la proporción, "hay que confesar que los paños son todo gracia y *maniera*" (Doni 1549, f. 16v).[53] Aunque para representar fielmente la caída y el brillo de las telas la imitación del natural es fundamental, "los paños, más aún que el follaje, el cabello y las barbas, / son una conjetura ingeniosa [*gheestich soecken*], / sí, una ingeniosa invención [*versierich vinden*]" (Van Mander 2004, f. 43r).[54] "Laken geestiger als loof

52. "A imparare a far de' panni non si può adoperare alcun ordine o proporzione né di misure, per le quali tu possa in qualche maniera acquistare per le regole".
53. "Necessario è confessare che questi panni sieno tutta grazia e maniera".
54. "Doch is laken meer als loof, hayr, oft baerden, / een gheestich

oft hayr", dice Van Mander (2004, f. 43r), "los paños tienen más espíritu que las ramas o el cabello". Si la poesía y la pintura coinciden en un punto, sería el *panneggiare*. El vuelo gracioso de los paños arrastra la imaginación consigo (Van Mander 2004, f. 45r; Melion 2022, pp. 319-320). "El espíritu [*geest*] debe emplearse en cosas como éstas" (Van Mander 2004, f. 44v);[55] "nuestra imaginación [*idee*] debe mostrar su fuerza aquí" (Van Mander 2004, f. 45r).[56]

La "gracia" es un concepto estrictamente indefinible; "ninguno de los autores ha encontrado la genuina y legítima esencia de esta gracia y donaire, oculta al entendimiento y manifiesta al sentido" (Palomino, 1988, vol. 1, p. 175). Según Halicarnaso, la gracia (*cháris*) de Lisias nacía de una "sensibilidad irracional (*alógos aísthesis*)" (2005, *Sobre los oradores antiguos*, 11, 4). Dolce cita a Petrarca para decir que es "un no sé qué [*non so che*] que en un

soecken, jae versierich vinden". Melion traduce: "Yet Stuffs even more than foliage, hair, or beards / are a spirited pursuit, yes one of clever invention" (2022, p. 314).

55. "Gheest is te ghebruycken in dese stucken", "the spirit is to be deployed for things such as these" (Melion 2022, p. 319). Noldus traduce: "Il faut utilizer l'esprit dans ce domaine" (Van Mander 2008, p. 161)

56. "Ons Ide' hier toonen most haer ghewelden", "Our idea must display its force herein" (Melion 2022, p. 319). Como glosa el propio Van Mander al margen, idea quiere decir aquí "imaginaty oft ghedacht" (2004, f. 45r), 'imaginación o memoria', no la Forma ideal platónica.

momento / puede hacer clara la noche, oscuro el día" (Dolce 2010, p. 173). Palomino la llama "una cierta y oculta especie de belleza, que tanto puede pertenecerle a lo hermoso como a lo fiero ['horroroso, terrible' (*Autoridades*, s. v.)]" (Palomino 1988, vol. 1, p. 175); mientras que para Junius representa el desmantelamiento artístico del propio arte, "the work of a wisely dissembled art ['la obra de un arte sabiamente descompuesto']" (1991, p. 286). Una cosa sí está fuera de dudas: "La gracia y la belleza son dos cosas distintas. La belleza sólo place mediante reglas y la gracia place sin reglas. Lo bello no es siempre gracioso y lo gracioso no siempre es bello" (Piles 1993, p. 22). ¿Quién llamaría a los paños del Greco "bellos"? Más bien parecen una "etérea / cueva de misteriosos bellos feos" (Alberti 1967, p. 92). En la falta de reglas de la gracia anida una cierta fealdad.

Azar y panneggiare

Al desbordar las reglas del arte y ser todo gracia, el *panneggiare* tiene una parte de *azar*. "[El] azar [*hasard*] a veces forma pliegues de una belleza y una conveniencia que las reglas jamás podrían haber producido" (Piles 1989, p. 62).[57] Así lo demostraría la propia frase "*tirar* un paño",

---

57. "Ce même hasard forme quelquefois des plis d'une beauté et d'une convenance que les règles n'auraient jamais pu produire".

jeter une draperie, en lugar de "colocarlo" o "acomodarlo", "ya que los paños no deben arreglarse en absoluto como las ropas [*ne doivent point être arrangés comme les habits*] de las que nos servimos en el mundo; sino que, siguiendo la inclinación de la propia naturaleza, que está alejada de toda afectación, los pliegues se encuentran como por azar [*come par hasard*] alrededor de los miembros, de manera que los hagan parecer lo que realmente son" (Piles 1993, p. 56).[58] La moda artificial deviene una segunda naturaleza. Pero el *panneggiare* artístico y el vestir mundano son cosas distintas. De una persona decimos que está bien "arreglada"; en cambio, de los paños de un Tintoretto o un Bernini habría que decir que están bien "desarreglados", "un poco bien deshecho" (Gómez de la Serna 1918, p. 14). El deshacer no se opone al hacer, sino que lo supera. Obviamente, el *panneggiare* también cumple una función social –la distinción–, pero no se reduce a ella, sino que añade un suplemento "gracioso", "amanerado", "caprichoso", "azaroso" que trasciende toda finalidad. Pacheco cuenta que El Greco "trabajaba para ser pobre", queriendo decir con ello que en lugar de acabar sus pinturas, se esforzaba para dar-

---

58. "Ce mot de jeter me paraît d'autant plus expressif, que les draperies ne doivent point être arrangées comme les habits dont on se sert dans le monde; mais qu'en suivant le caractère de la pure nature, laquelle est éloignée de toute affectation, les plis se trouvent comme par hasard autour des membres, de manière à les faire paraître ce qu'ils sont".

les un aspecto inacabado: "¿Quién creerá que Dominico Greco trajese sus pinturas muchas veces a la mano ['reto- mase muchas veces sus pinturas'], y las retocase una y otra vez, para dejar los colores distintos y desunidos, y dar aquellos crueles borrones para afectar valentía? *A esto llamo yo trabajar para ser pobre*" (Pacheco 1990, p. 483). Algo parecido podría decirse del *pannneggiare*. No es cues- tión de obedecer las reglas a pie juntillas, ni de desobede- cerlas en absoluto, sino de trabajar con esmero al servicio de lo impensado, "trabajar para no hacer" (Gómez de la Serna 1918, p. 14).[59] ¿No es extraño que lo obrado, la obra, pivote sobre la renuncia a obrar? El azar a veces deforma los pliegues que forma. Lanzar un paño "como por azar" no significa tirarlo de cualquier manera, como entienden Dolce ("una piel de camello tirada sobre la figura al azar [*a caso*]")[60] y Scannelli ("por despecho y al azar [*per dispetto e a caso*] tirado sobre la figura"),[61] sino crear las condiciones

---

59. "¡Qué difícil es trabajar para no hacer, trabajar para que todo resulte muy deshecho, un poco bien deshecho!".

60. "Pareva, che quello fosse non panno, ma una pezza di zambellot- to gettata sopra la figura a caso" (Dolce 2010, p. 155).

61. "Dove potrà conoscere non essere al proposito quell panno che incontrerà come fatto a caso senza addossare al vivo, e mostra esse- re per dispetto e a caso gettato sopra la figura" (Scannelli 2015, p. 148). La traducción sería: "Dónde se conoce estar fuera de propó- sito aquel paño que se encuentra hecho como al azar y sin adaptar- se al natural, mostrando haber sido arrojado sobre la figura por despecho y al azar".

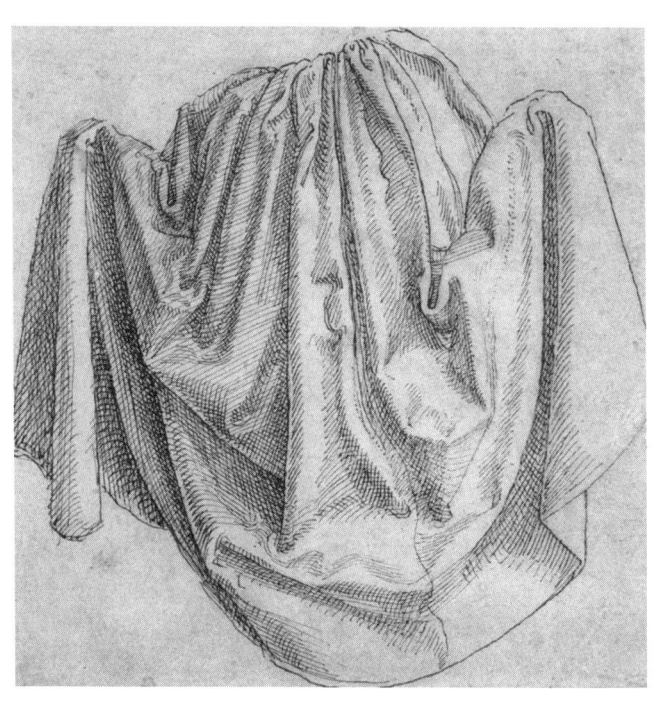

Fig. 1. Hans Brosamer,
Estudio de paños (1530-1540).

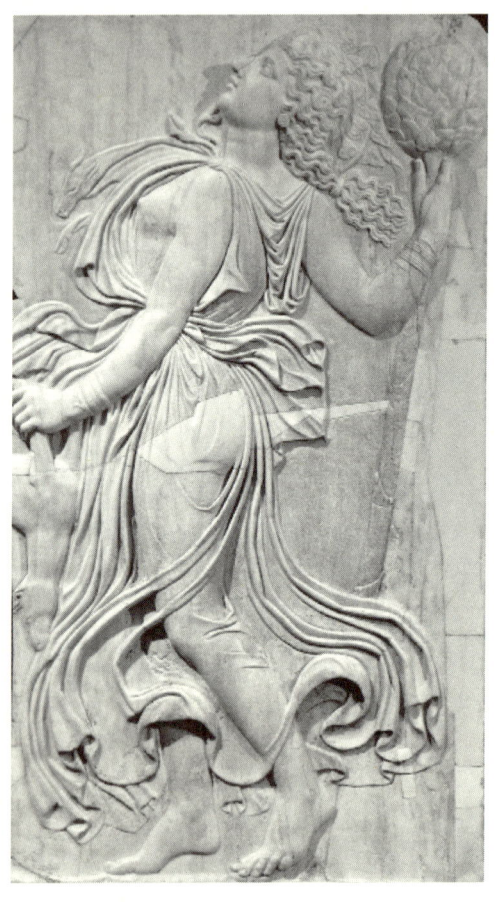

Fig. 2. Taller romano, *El baile de las ménades* (120-140, Museo del Prado, Madrid).

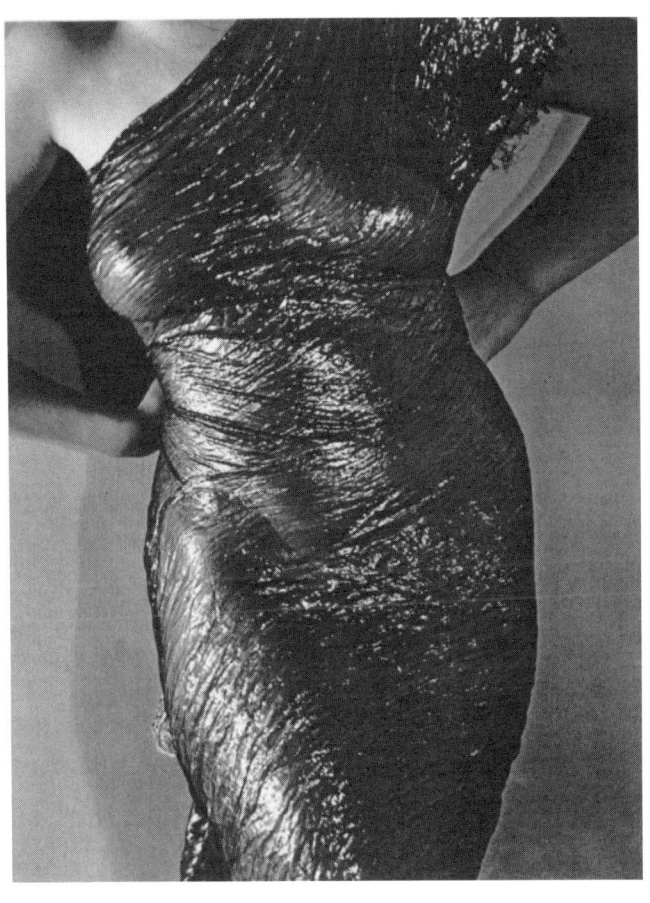

Fig. 3. Man Ray, *Anatomías* (h. 1930,
Museo Nacional Centro de Arte Reina Sofía, Madrid).

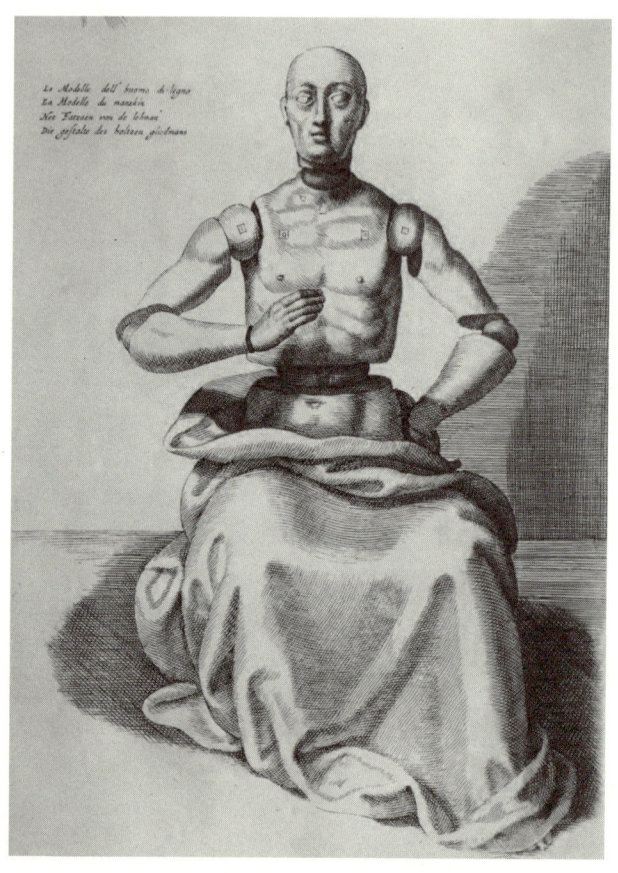

Fig. 4. Crispijn de Passe, Maniquí vestido (*La prima-[quinta] parte della luce del dipingere et disegnare* [Ámsterdam: Jan Jansz, 1643-1644]).

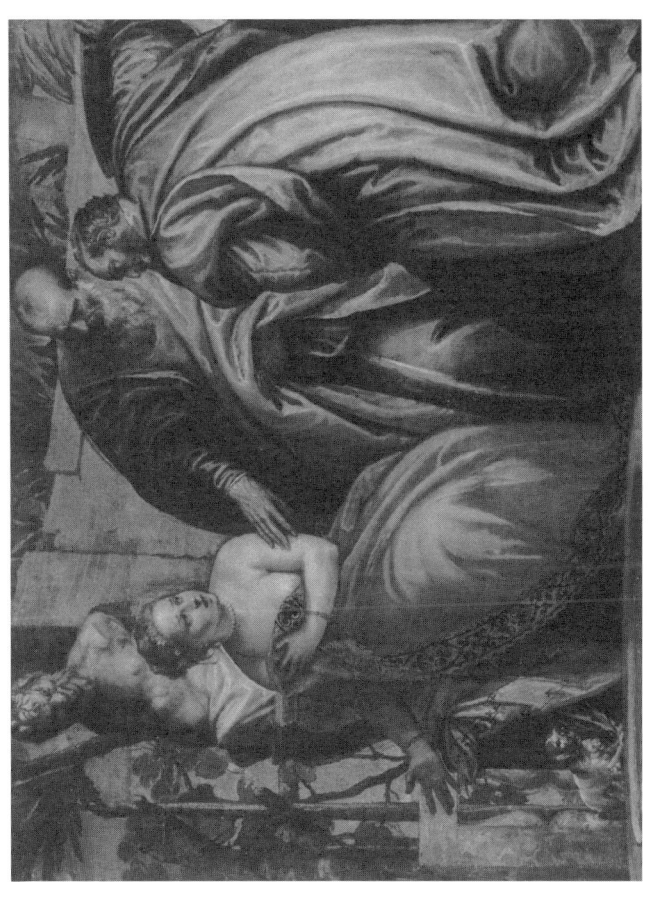

Fig. 5. Veronese, *Susana y los viejos*
(1550, Musée du Louvre, París).

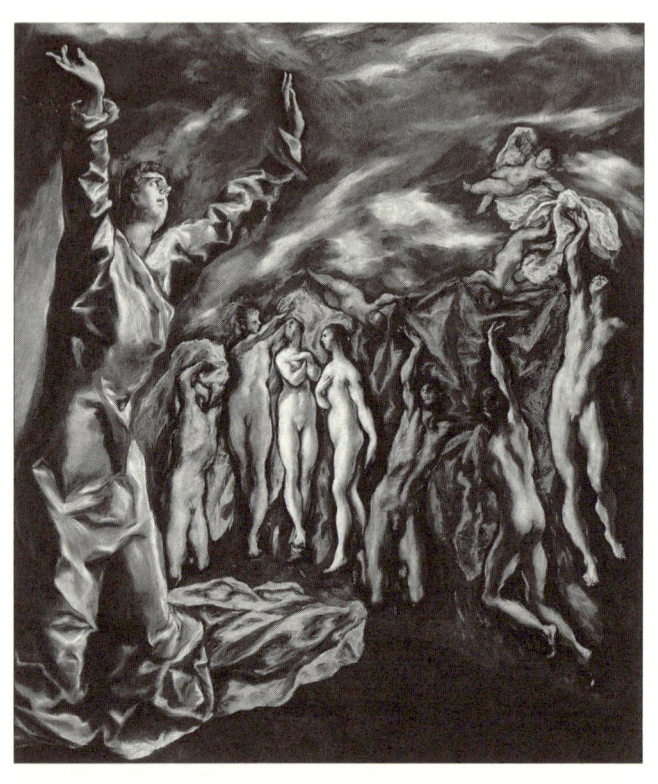

Fig. 6. El Greco, *Apertura del quinto sello* (1608-1614,
The Metropolitan Museum of Art, Nueva York).

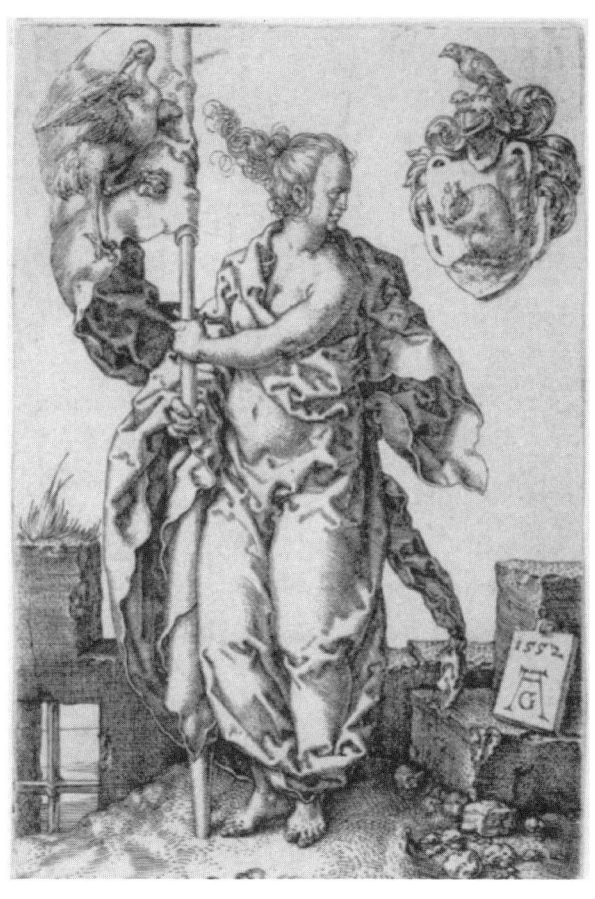

Fig. 7. Aldegrever, *Alegoría de la Diligencia*
(1552, Museum of New Zealand).

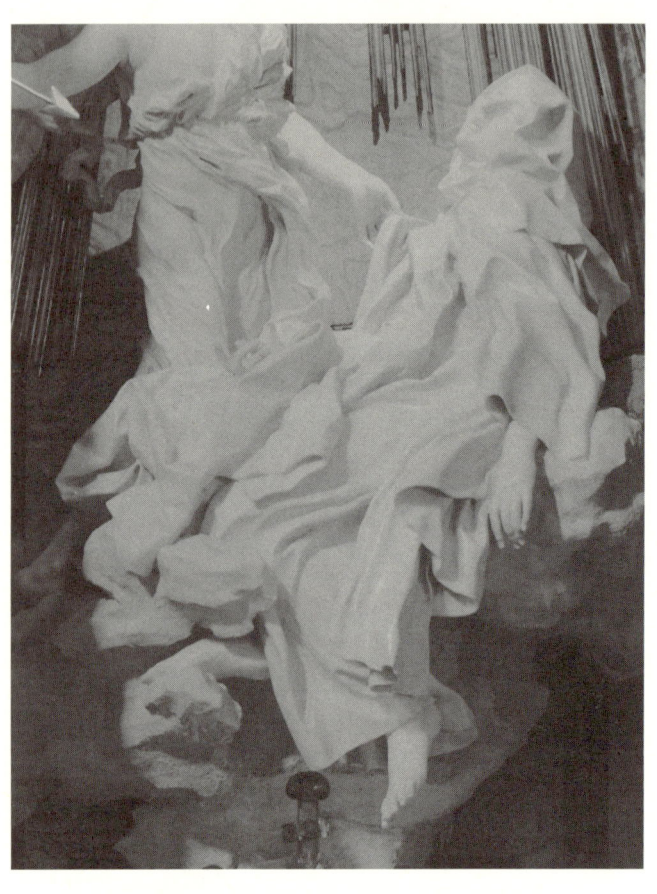

Fig. 8. Bernini, *Éxtasis de santa Teresa* (detalle)
(1645-1652, Iglesia de Santa Maria della Vittoria, Roma).

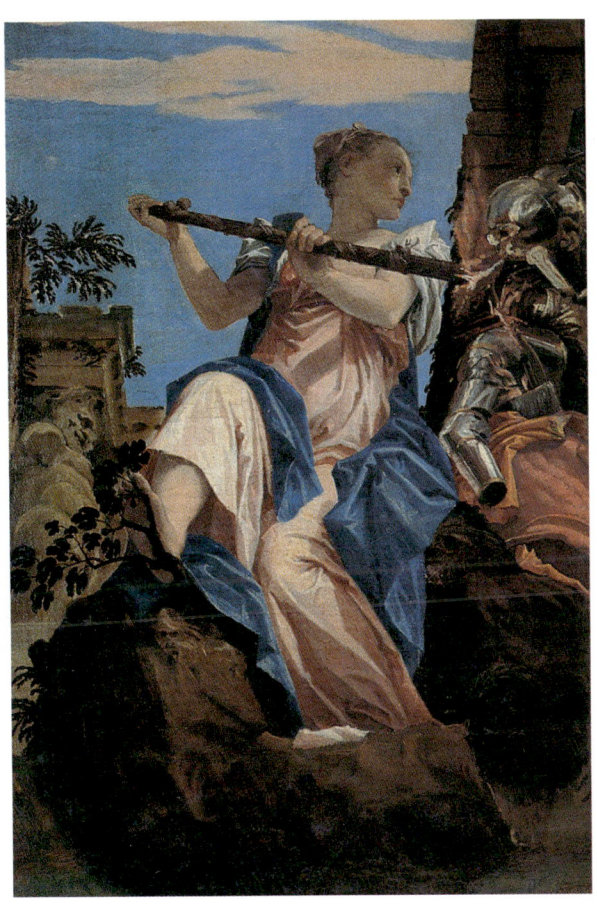

Fig. 9. Veronese, *Alegoría de la Paz*
(h. 1551-1552, Musei Capitolini, Roma).

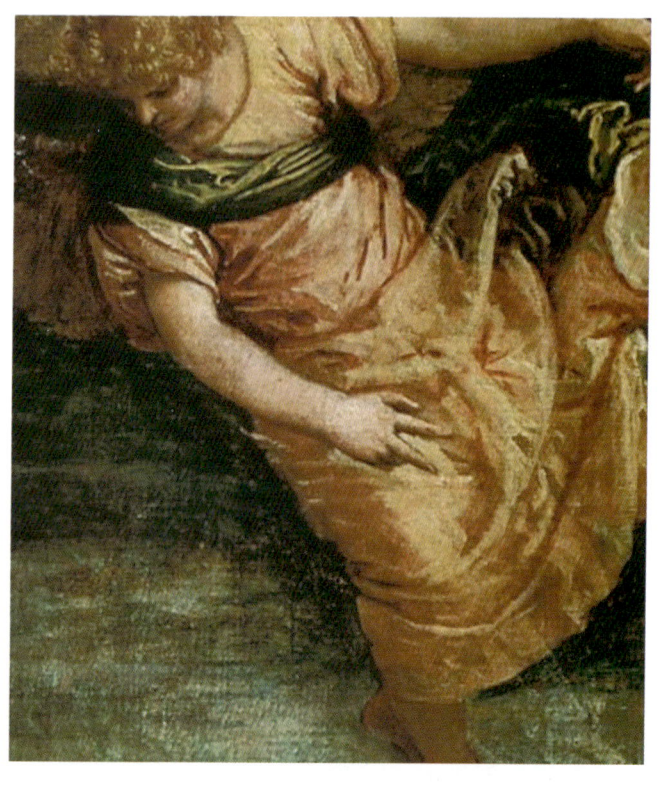

Fig. 11. Veronese, *Agar e Ismael en el desierto* (detalle)
(1585, Kunsthistorisches Museum, Viena).

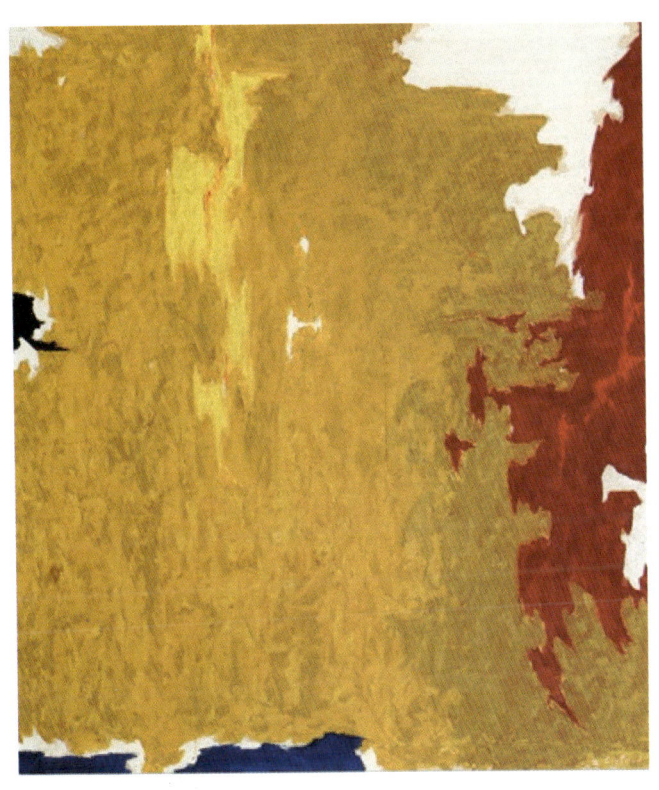

Fig. 12. Clyfford Still, *PH-125* (1948).

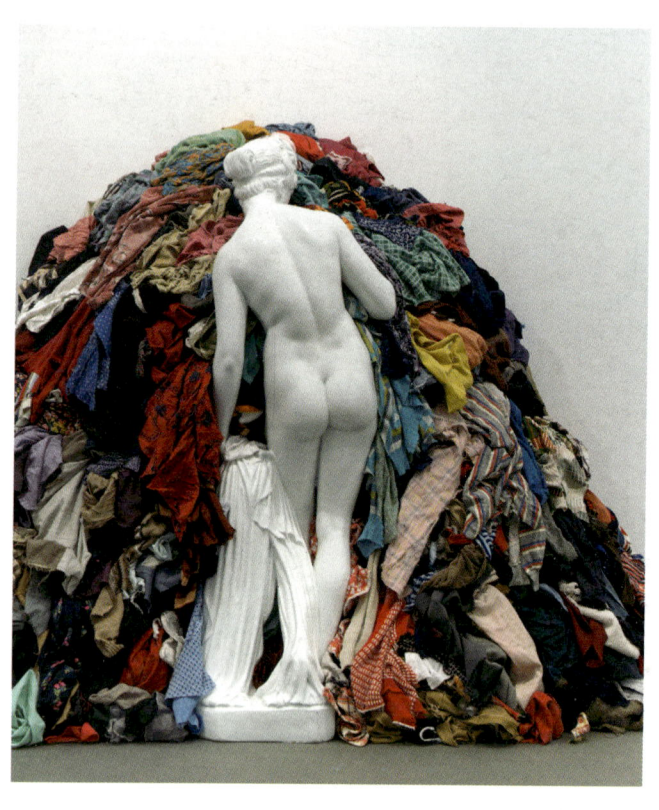

Fig. 13. Michelangelo Pistoletto, *Venus de los trapos*
(1967, Tate Modern, Londres).

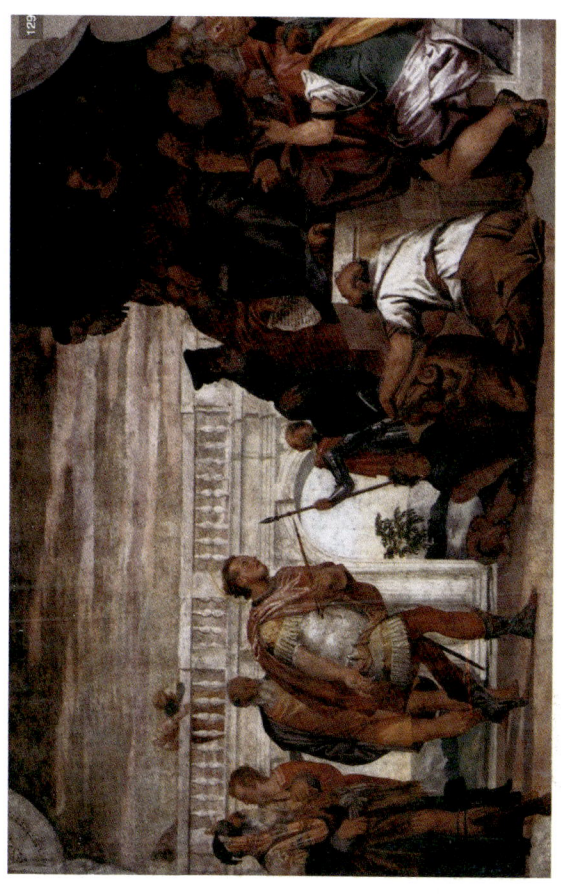

Fig. 14. Veronese, *Sebastián ante Dioclesiano*
(1558, Iglesia de San Sebastiano, Venecia).

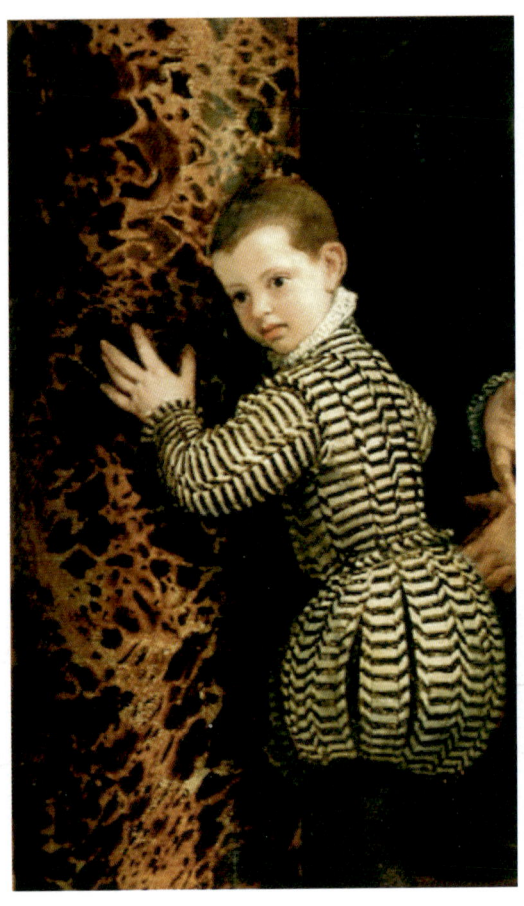

Fig. 15. Veronese, *La Virgen de la familia Cuccina* (detalle)
(h. 1571, Gemäldegalerie Alte Meister, Dresde).

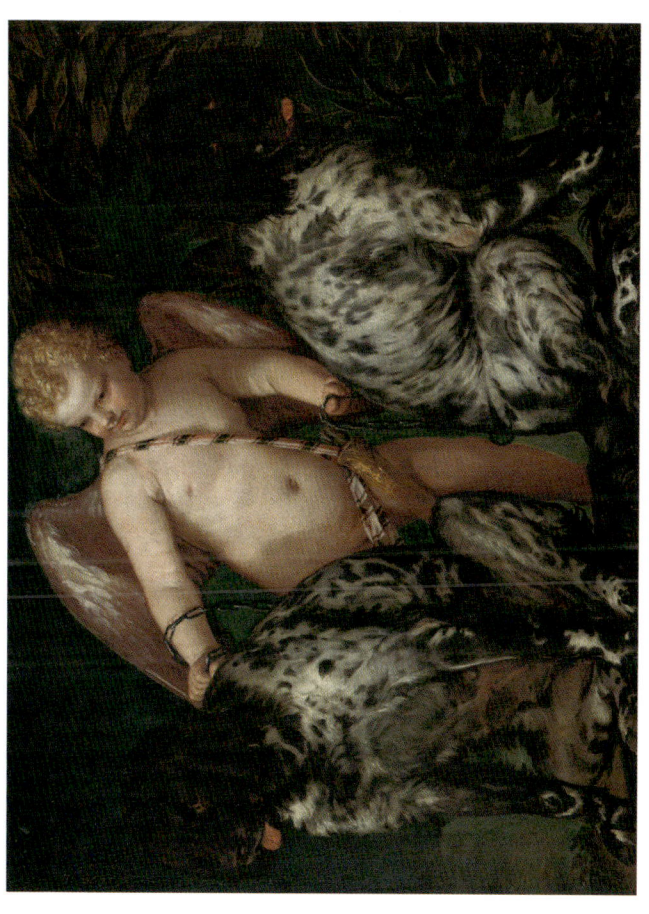

Fig. 16. Veronese, *Amor con dos dálmatas*
(h. 1575-1580, Alte Pinakothek, Múnich).

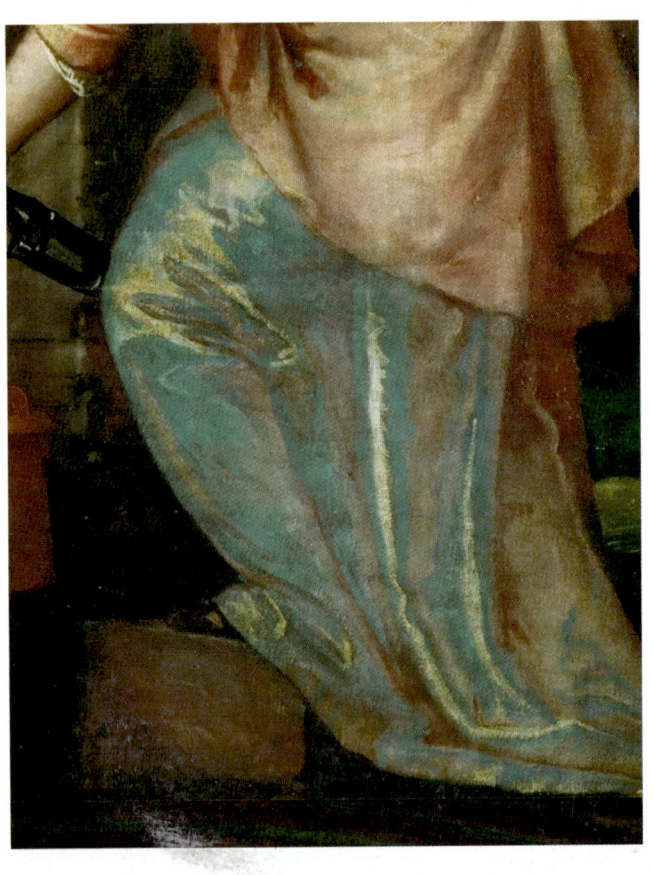

Fig. 10. Veronese, *Cristo y la samaritana* (detalle)
(h. 1585, Kunsthistorisches Museum, Viena).

para que lo incondicionado acontezca.[62] El lineamiento de los pliegues obedece a un orden, pero no se trata de un orden meramente matemático, como la simetría y la proporción, sino de un orden vivo, tocado por la contingencia. Los constantes reproches de Pacheco frente a la pintura de borrones veneciana tienen un momento de verdad: "Las pinturas borradas y confusas [...] no imitan el modo ['estilo'] de los antiguos, ni la verdad del natural, *en los trajes y desnudos*" (Pacheco 1990, pp. 415-416). En efecto, imitan el "azar", cierta "apariencia de contingencia inintencionada" (Hegel 1989, p. 87) que trasciende lo necesario sin negarlo del todo. "En este cuidadoso descuido está la mayor arte" (Ormaza 1985, p. 72)

2. LOS PAÑOS DE VERONESE

La tematización del panneggiare

El *panneggiare* supone dos cosas: el relevo de la mímesis y la libertad de la imaginación. El peligro del garabato siempre asedia la forma, que vacila entre representar un

---

62. "Hay que experimentar al azar, viene a decir Bacon, provocando una causalidad no esperada" (Lezama 2012, p. 54). Toda la poética de Lezama gira en torno a la relación entre la causalidad y lo incondicionado o la necesidad y el azar, que llama de las más diversas maneras: el confín y la extensión, la aventura y su límite, lo visible y lo invisible, el germen y el acto, etc.

"paño" y perderse en el laberinto de pliegues. Pero no todos los pintores enfrentan el peligro con la misma valentía. Los pliegues zigzagueantes de Tintoretto y El Greco se remontan al gótico alemán y poseen una vitalidad superorgánica que trasciende tanto la sensualidad griega como el rigor geométrico egipcio. Siempre se los ha tenido por pintores "extravagantes", y lo son. Veronese es más comedido, más "apolíneo", si se quiere. La belleza sensual le resta profundidad espiritual. Pero no por ello deja de tener también sus "caprichos". En cuanto al colorido de los paños, por ejemplo, es más audaz que el mismo Tintoretto.

Por lo que respecta al *panneggiare*, lo primero que llama la atención sobre la pintura de Veronese es esto: no se limita a pintar paños, sino que lo tematiza, lo remacha. Las figuras no sólo están vestidas, sino *ocupadas* en ello: muestran los paños, se esconden debajo de ellos, les temen, los miman, los cuelgan en cualquier sitio, los *queman*, como si entre la figura y el paño existiera un vínculo inquebrantable. Los paños son un personaje más del cuadro. No son sólo paños, sino "metapaños", paños conscientes de serlo. Yo lo pondría así: Si Velázquez pinta el pintar, más frívolo, Veronese pinta el propio *panneggiare*. Cada paño es un pequeño cuadro dentro del cuadro. Sin duda, es uno de los pocos artistas de todos los tiempos que ha pintado a Adán y Eva *vestidos* (*La familia de Adán*

[1580-1588, Kunsthistorisches Museum, Viena]), no cuando todavía estaban en el Paraíso, sino después de haberlo perdido. Antes muerto que desnudo. Toda su pintura se desarrolla bajo el signo de *Aracne* (1575-1577, Palazzo Ducale, Venecia), la tejedora. No intenta seducirnos desvistiendo a sus figuras, sino vistiéndolas, como en un estriptis al revés.

Las formas de interactuar con los paños son muy variadas. Una de las más obvias consiste en exhibir el paño como si tratara de una mercancía. En el *Bautismo de Cristo* del North Carolina Museum of Art (h. 1550-1560), san Juan Bautista bautiza a Cristo con la mano derecha mientras que con la izquierda y sin motivo aparente, se desata el manto y lo *muestra*. "He aquí un paño", parece decirnos Veronese. El joven del *Retrato de un joven de la familia Soranzo* (1585, National Gallery, Londres) hace algo parecido. No sólo está vestido con suma elegancia, como explica el portal de la National Gallery ("vestido con ropa de levantar de satén negro forrada de armiño, su vestimenta demuestra su riqueza y estatus social"), sino que además lo muestra, sosteniendo la banda del ropón con la mano izquierda.[63] ¿Lo decidió él mismo o se lo pidió Veronese?

---

63. "Dressed in sumptuous black satin trimmed with ermine, his clothing conveys his wealth and social status". La dirección del portal es: < https://www.nationalgallery.org.uk/paintings/paolo-veronese-portrait-of-a-gentleman-of-the-soranzo-family>.

En la *Resurrección de la hija de Jairo* (h. 1646, Musée du Louvre), una de las primeras telas de Veronese, uno de los discípulos de Cristo *se remanga* la túnica con un gesto forzado, lo mismo que el hombre a la derecha de san Sebastián en *El martirio de san Sebastián* (1565, San Sebastiano, Venecia). El gesto parece tener la función de descubrir el desnudo debajo de la ropa –no son paños "por maniquí"–, pero su propósito verdadero es mostrar el propio paño.

Repitiendo el gesto decorativo del propio Veronese, una de las figuras del *Matrimonio místico de santa Catalina* (1565-1570, Gallerie dell'Accademia, Venecia) reviste a la santa con una capa suntuosamente adornada. Por otra parte, ¿no son *todos* los triunfos y coronaciones de Veronese –*La coronación de la Virgen, La coronación de Ester, Triunfo de Mardoqueo, La consagración de san Nicolás*– una in-vestidura? En efecto, primero *se viste* a la figura por fuera y luego se la in-viste de autoridad por dentro.[64] El arquetipo de todos estos cuadros es *Venus con un espejo* (h. 1585, Joslyn Art Museum), o sea, la representación del vestir mismo, o *Susana y los viejos* (1550, Musée du Louvre), la figura que se cubre de la mirada lasciva que intenta desvestirla.

En el *Venus y Adonis* del Kunsthistorisches Museum de Viena (1586), así como en la pintura al temple de *Venus y*

64. *Investir* o *envestir*, "cubrir alguna cosa, como vistiéndola y adornándola" (*Autoridades*, s. v. *envestir*).

Marte de la Gemäldegalerie Alte Meister de Dresde, los amantes están semidesnudos, pero el árbol detrás de ellos está envuelto en una cortina anaranjada o en paño estampado, respectivamente, enteramente gratuitos. En su poema sobre "Veronese" Rafael Alberti escribe: "Los ropajes, rizados, temblorosos, / colgados de las ramas" (1967, p. 61). En efecto, las ramas están vestidas. El temblor erótico de los amantes se traslada a los paños.

En algunos cuadros las figuras se esconden debajo de un paño o una cortina, como el niño en la *Conversión de María Magdalena* (h. 1548, National Gallery, Londres) y el sátiro en *Hermes, Herse y Aglauro* (1573, Fiztwilliam Museum, Cambridge). Igualmente, en *Los santos Lorenzo, Jerónimo y Próspero* (1581, Chiesa di S. Giacomo Apostolo, Venecia), el león de san Jerónimo se refugia bajo su túnica. Desde luego, existen innumerables versiones de *San Jerónimo en el desierto*, pero no conozco ninguna otra donde la guarida del león sea la *cappa magna* del cardenal.

En la alegoría *El Honor y la Virtud florecen después de la Muerte* (h. 1565, Frick Collection, Nueva York), esconderse debajo de la ropa se identifica con el *Engaño*. Al mismo tiempo, la Muerte destruye al Hombre *rasgándole los muslos de las calzas* con un serrucho, mientras que el Honor (cuya vestimenta es tan seductora como la de la Muerte) lo salva asiéndolo por el traje. La clave de la alegoría es la vestimenta. El Engaño es el forro invisible de un vestido, la Muerte un rasgón en las calzas y el Honor, tirar a tiempo de la tela.

En la *Conversión de san Pablo* (h. 1570, Museo del Hermitage, San Petersburgo), más que cubrirse con las capas, los centuriones romanos parecen *luchar contra ellas*. El desorden moral del paganismo se resume en el enredo de los paños. Lo mismo digo de la *Alegoría de la Paz* (h. 1551-1552, Musei Capitolini, Roma), donde la paz consiste en *prenderle fuego al arnés tranzado* de un soldado imaginario (Fig. 9). Lo inquietante de este cuadro radica en el enfrentamiento directo de una figura humana, la alegoría de la Paz, con una armadura vacía, como si en lugar de castigar al soldado, se ensañara con su uniforme. Este tipo de fetichismo de lo inorgánico es característico de Veronese y toca un aspecto esencial de su *panneggiare*. El estilo es la ropa, no el hombre. No pinta retratos, sino exuviae, 'cosas despojadas de un cuerpo'.

La técnica del panneggiare

La técnica del *panneggiare* se ajusta a las normas de la época. No sé si conocería el célebre *Tratado* de Da Vinci, que circulaba en versión manuscrita desde el 1540, pero sin duda estaría familiarizado con el *Disegno* (Venecia, 1549) de Anton Francesco Doni, publicado en Venecia poco antes de que Veronese fijara su residencia en la ciudad en el año 1555, y el *Diálogo de la pintura* (Florencia, 1557) de Lodovico Dolce, que es el primer tratado de la época en abordar de frente la pintura de Ticiano, el padre de la pintura veneciana. Por otra parte, trabajó en Verona, Vicenza, Mantua y Venecia, así que lo que no leyera en los tratados de la época, lo estudiaría en la obra de otros pintores.

Para impartirle movimiento a los paños –el *principium regulans* del *panneggiare*–, recurre a los métodos de rigor: las actitudes de las figuras y el viento. No sé si pintaría los paños por maniquí, como hacía Tintoretto ("también se ejercitaba en hacer pequeños modelos de cera y de greda, *vistiéndolos con trapos y buscando esmeradamente con los pliegues las partes de los miembros*"), pero no me extrañaría que así fuera (Ridolfi 1648b, p. 6).[65] Sí se rumoraba que "tenía en su casa un cúmulo de modelos adornados con trajes diversos y pelucas peinadas de varios modos" (Ridolfi 1648a, p. 331).[66] Si es así, lo disimula bastante bien; parecen figuras reales, aunque podrían ser muñecos vestidos.

65. "Esercitavasi anche nel far piccioli modelli di cera e di creta, vestendoli di cenci e ricercandone accuratamente colle pieghe de'panni le parti delle membra".
66. "Fu creduto da alcuni che […] avesse in sua casa un cumulo di modelli, acconci di varie spoglie e capigliature annodate in vari modi". Ver *supra* "Vida de Paolo Caliari Veronese, pintor".

Las actitudes de las figuras abarcan todo el abanico de las posturas: el *contrapposto*, sentarse (provoca grandes pliegues triangulares), cruzar las piernas, darse la vuelta, llevarse la mano a la espalda, etc. Las actitudes no suelen ser tan violentas como las de Tintoretto o tan patéticas como las del Greco, pero sí abusa del escorzo y de la figura *serpentinata* o con forma de serpentina.

Los paños tremolantes los reserva principalmente para tres grupos de figuras: los ángeles, pero no la Virgen, en todas las versiones de la *Anunciación* (c. 1556, h. 1560, 1578, h. 1580 y otras); Cristo en todas las versiones de la *Resurrección* (h. 1560, h. 1570, 1580 y otras), pero no en otros escenarios; y la Virgen en algunas de las versiones de la *Ascensión* (1558, h. 1580, 1586, 1585-1587). Es decir, todas las figuras que "vuelan" naturalmente, sí, pero no los reyes, los nobles, los santos y otras figuras religiosas, porque no sería decoroso: "En todas las composiciones honradas, los ropajes y los adornos deben mantener el decoro, como evitar mostrar a la Magdalena con vestiduras de oro o de seda suntuosa, o [colocar] alrededor de la Virgen madre del Salvador bordados, brocados y otros adornos lascivos, como muchos hacen" (Lomazzo, 1585, p. 366). Los ángeles vuelan siempre, Cristo a veces y Girolamo Contarini, nunca.

En la *Anunciación* de la Accademia (1578, Venecia), los paños tremolantes del ángel contrastan con el diseño geométrico del enlosado, mientras que en la de los Uffizi (h. 1551-1556), se asemejan a los cúmulos algodonosos que invaden la habitación. Lo mismo ocurre, pero de manera todavía más pronunciada, en la *Anunciación* del Museo Nacional Thyssen-Bornemisza (h. 1560) y en la del Cleveland Museum of Art (1580), donde los paños del ángel y la nube que le sirve de soporte forman un todo inseparable.

En los cuadros de la *Resurrección*, Cristo se eleva hacia el Cielo, mientras que en la tierra los centuriones libran una auténtica batalla con las capas, las túnicas y los toldos de campaña. El primero se desprende de la ropa mientras que los segundos se ahogan en ella. Así en la *Resurrección* de la Iglesia San Francesco della Vigna (1560), la de la Gemäldegalerie Alte Meister de Dresde (h. 1570), la del Hermitage de San Petersburgo (1570s) y la del Museo Pushkin de Moscú (h. 1580). En todas, la guerra contra los paños no tiene tregua.

El tema de la asunción representa la única ocasión en la que los paños de la Virgen pueden ondear libremente sin violar las reglas del decoro. En la versión que se conserva en la Accademia de Venecia (1585-1587), los querubines retozan debajo de los mantos, como le habría complacido hacer al propio Veronese. Por lo demás, las leyes de la gravedad han desaparecido y las figuras de la parte superior cuelgan cabeza abajo. En la *Asunción* del Musée des Beaux

Arts de Dijon (h. 1580), el velo de la Virgen se enrosca alrededor de sus cabellos despeinados, evocando el vínculo que tradicionalmente une a ambos elementos. Cabellos, barbas, crines, ramajes, celajes y vestimentas son prácticamente intercambiables: cosas insensibles que vuelan y sienten.

La forma de los pliegues es bastante convencional. Entre los pliegues neogóticos en forma de Z de Tintoretto y El Greco, y los pliegues sensuales en forma de S de Rafael y Parmigianino, prefiere los segundos (*Susana y los viejos*, *La Sabiduría y la Fortaleza*, *Jacob y Raquel*, etc.), aunque no descarta del todo el uso de pliegues rotos y fosforescentes al estilo tintorettiano. Así, por ejemplo, la cortina al fondo de *Cristo muerto sostenido por Nicodemo y un ángel* (1580-1585, Museum of Art, Tel Aviv), la túnica del ángel en la *Anunciación* del Cleveland Museum of Art (que puede deberse a la mano de un discípulo del taller) o la túnica del hombre vestido con armadura en *La coronación de Ester* (1556, San Sebastiano, Venecia), en mi opinión, uno de sus mejores cuadros.

De acuerdo con el principio leonardesco de que el pintor debe "[variar] los paños de las historias" (Da Vinci 2006, p. 369) y nunca repetir ni las actitudes ni las vestimentas (Da Vinci 2006, p. 137), lo que se considera un "grave defecto", *sommo difetto* (Da Vinci 2006, p. 137), lo normal es que un mismo cuadro presente distintos tipos de pliegues, según la calidad de las telas (seda, terciopelo, lino, lana, raso, ormesí, etc.) y la dignidad de las figuras (santos, pastores, ángeles, emperadores, etc.). Por dar un solo ejemplo ilustrativo: de los dos hombres sentados al pie de la columna en *La disputa con los doctores en el Templo* (h. 1560, Museo del Prado, Madrid), ambos vestidos de amarillo y rosado, uno presenta pliegues brillantes y filamentosos y el otro, gruesos y cavernosos. Las actitudes de las figuras y el color de los paños son parecidos, pero la forma de los pliegues es muy diferente.

Los largueados, arabescos y estampados que a menudo adornan las telas (*Santa Catalina de Alejandría en prisión*, *Lucrecia*, *La Musa de la Pintura*, *Retrato de una dama como santa Agnes*, etc.), no cumplen solo una función decorativa, sino también puramente pictórica. Son un "dibujo" más, como si Veronese no se conformara con pintar un paño y se viera obligado a pintar *encima* de él. En este sentido, cada paño está pintado dos veces: una como adorno de la figura y otra como adorno del adorno. De todos modos, conviene recordar la advertencia de Piles: "El pintor está obligado, por lo tanto, a guardar este orden en todos sus paños, sea cual sea su naturaleza, finos o bastos, trabajados o simples; *y que prefiera sobre todo la majestad de los pliegues* [*la majesté des plis*] *a la riqueza de las telas* [*la richesse des étoffes*]" (Piles 1993, p. 57). La gravedad de los pliegues es preferible al adorno de las telas.

Veronese lo olvida y a menudo cae en el decorativismo (ver *infra*).

El colorido de los pliegues es otro asunto. Como observa Boschini, algunos de los paños de Veronese parecen acuarelas. Lo llamativo no es tanto la forma de los pliegues, que no se puede comparar con la fantasía superorgánica de Tintoretto, cuanto la mancha de colores cambiantes (*colori cangianti*). Como diría Faria i Sousa, "el deseo en el matiz procede / y de la misma confusión se vale" (1644, f. 114r). La estética verleniana del matiz ("pas la couleur, rien que la nuance!"), destierra la forma. Pienso en cuadros como *Apolo y Dafne* (h. 1560-1565, San Diego Museum of Art, San Diego), *El martirio de santa Justina* (h. 1570-1575, Uffizi) o *Cristo y la samaritana* (h. 1585, Kunsthistorisches Museum, Viena), donde el lineamiento de los pliegues de la túnica de la samaritana se reduce a una raya de colores cambiantes (Fig. 10). Boschini lo explica bien:

Tras disponer los colores (en particular en los paños) con diestro artificio, se ocupaba de la diferencia entre el adentro y el afuera. Destacaba la masa de los paños con una media tinta y, por lo general, colocaba los azules a la aguada; razón por la cual, al intentar algunos incautos limpiar alguno de sus cuadros, han pintado sin querer los pliegues de los paños más extraordinarios que pintase pincel alguno.[67]

Y más adelante:

En las carnes, al igual que en los paños, en el aire y en muchas otras cosas, la laca y el minio eran sus colores predilectos; la misma Belleza (como se ve) campeaba llena de colores cambiantes [*colori cangianti*], vestida con las cuchilladas, tajos y libreas más curiosos, adornados y decorosos que pueda concebir la mente humana (Boschini 1674, s. p.).[68]

O sea, primero coloreaba los paños con medias tintas y colores cambiantes, y luego dibujaba los pliegues encima, con tal mala suerte que al limpiar los cuadros, algunos ni siquiera los notaban y pintaban encima de ellos. Acostumbrados a los pintores de brocha gorda, no captaban los matices. El contraste entre la forma y el fondo, lo que Boschini llama "la diferencia entre el adentro y el afue-

67. "Dopo l'aver disposti i colori (in particolare ne' panni) con ben inteso artificio, s'occupava nella distinzione del dentro e del fuori. Campeggiava tutta la massa d'ogni panno d'una mezza tinta e, per lo più, poneva gli azzurri a guazzo, e per tal cagione alcuni inavveduti, volendo nettar alcuno dei suoi quadri, hanno (non volendo) dipinte alcune piegature dei panni che furono le più rare che formassero pennelli giammai". Ver *supra* "Paolo Caliari Veronese".

68. "Quella lacca e il minio, sì nelle carni, come nei panni, nell'aria, ed in molte cose, erano i suoi colori più diletti; ed in somma la vaghezza stessa campeggiava (come si vede) tutta di cangianti, vestita con trinciature, tagli, livree le più curiose, le più adorne, le più decorose che possano essere concepite dalla mente umana Ver *supra* "Paolo Caliari Veronese".

ra", no se puede tocar. La figura no puede de ninguna manera fundirse con su entorno. Pero dentro de la propia figura, en la superficie de los paños, se goza de una gran libertad. La túnica del ángel en *Agar e Ismael en el desierto* (1585, Kunsthistorisches Museum, Viena), uno de los últimos cuadros de Veronese, ya no tiene "pliegues" propiamente hablando, curvos o angulares (Fig. 11). Son "vetas" de mármol (véase *infra*), manchas estrelladas de colores cambiantes que se propagan por la tela sin relieve ni profundidad. Salvando las distancias, yo lo compararía con el expresionismo abstracto de Clyfford Still (Fig. 12).[69]

Venus y los trapos

La pintura de Veronese oscila entre el orden y el desorden, la contención y el derrame, lo individual y lo múltiple, la forma y la mancha. El principio del orden se identifica con la arquitectura y la escultura, mientras que al desorden se asocia al gentío y los paños. Si yo tuviera que resumir la esencia de su pintura en dos palabras, diría que representa un bulto de ropa recortado contra una fachada de mármol, como la *Venus de los trapos* (1967, Tate Modern, Londres) de Pistoletto (Fig. 13). Venus represen-

69. Sobre la técnica de los colores cambiantes, ver Palomino, "Del colorido de los paños o ropas, y de los cambiantes de diversos colores" (1988, t. 2, pp. 153-162). Sobre el colorido de Veronese, ver Thornton 1990; y Wald 2009.

ta el momento clásico y la pila de trapos de colores –el *panneggiare*– la tentación de lo feo. Siempre hay una barrera de contención, un cerco, un límite y, dentro de éste, un bulto informe, un amasijo indistinguible de "algo".

Los elementos arquitectónicos –arquitecturas palladianas, plintos, balaustradas, portales, columnas de distintos estilos, escalones– cumplen dos funciones: entronizar la figura, colocándola en un pedestal (*La Sagrada Familia con san Antonio Abad, Catalina y el niño Juan Bautista* [1551, San Francesco della Vigna]), y cercar los bultos (*Cena en casa de Simón el Fariseo* [h. 1556, Galleria Sabauda, Turín]). También le gusta colocar la figura en un nicho, exactamente como si fuera una estatua. Ignorando el *paragone* ('comparación') entre la escultura y la pintura, muchas de las figuras de Veronese imitan explícitamente la escultura. Así *Aristóteles* (Biblioteca Nazionale Marciana, Venecia), vestido con una túnica de colores cambiantes sin apenas pliegues; *San Mena de Alejandría* (h. 1560, Galleria Estense, Módena), con barrancos casi negros que contrastan con los reflejos fosforecentes de la armadura; las cinco *Musas* de la Villa Barbaro (h. 1560-1561); y la propia *Musa de la Pintura* (h. 1560, The Detroit Institute of Arts). Siendo pinturas, todas quieren parecer esculturas, como en un trampantojo.

Un ejemplo claro de lo que quiero decir por "bultos" es el cuadro *Sebastián ante Diocleciano* (1558, Iglesia de San

Sebastiano, Venecia) (Fig. 14). El cuadro se divide en dos mitades, separadas por una diagonal: una clara y despejada, y la otra colmada de figuras amontonadas bajo la sombra de un palio, como los trapos de Pistoletto. Al fondo, la fachada arquitectónica intenta organizar el caos de los trapos mediante un juego de líneas horizontales (similares a los estratos del cielo) que contrasta con las líneas curvas del bulto.

La *Coronación de Ester* (1556), también en la iglesia de San Sebastián, y *El martirio de santa Justina* (1556, Musei Civici, Padua) adoptan una composición similar (dos mitades, una llena y otra vacía, separada por una línea diagonal o vertical), pero al faltar el *scaenae frons*, la fachada escénica que veíamos en *Sebastián ante Diocleciano*, la impresión de desorden es mayor. En cambio, en el *Martirio de san Sebastián* (1565, San Sebastiano, Venecia) y San Bernabé curando a un enfermo (h. 1566) regresa a su esquema favorito: un fondo arquitectónico que sirve de valla de contención y, al frente, un grupo de figuras amontonadas, dispuestas en línea horizontal, a la manera de un friso.

Pero el esquema no es tan sencillo. Es verdad que los elementos arquitectónicos contrarrestan el desorden de los paños, pero al ser Veronese un pintor tan amanerado, pronto se cansa de la pureza del orden clásico y lo adorna *también*. Me refiero a las canaladuras de las columnas, las bóvedas aveneradas de los *Filósofos*, las columnas salomónicas (*Tres arqueros, Giustiniana Giustiniani Barbaro con la nodriza*, la *Anunciación* de la Basilica dei Santi Giovanni e Paolo, etc.) y, sobre todo, las vetas de mármol. Estos cuatro elementos –las canaladuras, las bóvedas de concha, las columnas salomónicas y las vetas– conforman un nuevo sistema de "pliegues", ahora arquitectónicos, que compite con los pliegues de los paños, creando un conjunto estriado.

Veronese es plenamente consciente de la correspondencia formal entre los distintos elementos, y siempre que tiene la oportunidad, la aprovecha al máximo: vetas de mármol, pliegues, reflejos metálicos y celajes en la *Coronación de Ester*; canaladuras, vetas de mármol, celajes y manchas en el pelaje del perro en la *Cena en casa de Simón el Fariseo* (h. 1556, Galleria Sabauda); vetas de mármol y pliegues muy abocetados en la *Madona con Niño, santos y donantes* (1548, Gallerie degli Uffizi, Florencia); vetas de mármol amarillo y pliegues dorados en *La Sagrada Familia con san Antonio Abad, Catalina y el niño Juan Bautista* (1551, San Francesco della Vigna); vetas de mármol negro, jubón y calzas negras largueadas y celajes en *La Virgen de la familia Cuccina* (h. 1571, Gemäldegalerie, Dresde) (Fig. 15), etc. Los pliegues de la vestimenta compiten con las vetas de mármol, como si la arquitectura también estuviese vestida (*Matrimonio místico de santa Catalina* [1565-1570, Accademia, Venecia]). El mundo de Leibniz no está lejos: "Por eso prefiero utilizar la comparación de una piedra de mármol que tiene vetas [veines], con una piedra de mármol totalmente uniforme, o con tablillas vacías, es decir, lo que los filósofos llaman *tabula rasa*" (Leibniz 2021, p. 62).[70] Para Leibniz, las ideas son innatas al hombre. El alma no es un trozo de mármol liso, ni una página en blanco, sino una superficie veteada a la espera de que la razón se aperciba de sus manchas y las despierte. Así los cuadros de Veronese: pinta *algo*, ¿pero qué? La forma está recorrida de arriba abajo por virtualidades, *virtualités* (Leibniz 2021, p. 62), que se resisten a materializarse. "Las manchas de sus venas / parecen allí matices", diría Ferreira de la Cerda (1634, f. 30r). Pinta a Venus, pero lo que realmente añora es el traperío.

El orden de la naturaleza, el orden de Pan, también está "veteado". Me refiero a los celajes y las ramas que adornan los cielos de muchos de sus cuadros: *Lamentación sobre Cristo muerto* (entre 1546-1548, Museo di Castelvecchio, Verona), *Diana y Acteón* (1560-1565, Philadelphia Museum of Art, Pensilvania), *Bautismo y tentaciones de Cristo* (h. 1582, Pinacoteca di Brera, Milán), *San Antonio*

---

70 "Je me suis aussi servi de la comparaison d'une pierre de marbre qui a des veines, plutôt que d'une pierre de marbre toute unie ou de tablettes vides, c'est-à-dire, de ce qui s'appelle tabula rasa chez les philosophes" (Leibniz 1921, p. 13).

predica a los peces (1580-1585, Galleria Borghese, Roma),
etc. Como observa con agudeza Moreno Villa en el artículo aquí reproducido, en el *Moisés salvado de las aguas* (h.
1580, Museo del Prado), "el lujo de los vestidos de aquellas
damas es tan brillante, que compiten con el celaje azul y
plata, y con las arquitectónicas ramas y hojas de los árboles". El ropaje compite con los celajes y con la arquitectura
sin arquitectura de las ramas, como si toda la tela fuera un
paño con labores de arabesco (del árabe *tawriq*, 'follaje').

Los cielos azules y rosados de la *Alegoría de la Paz* (h.
1551-1552, Musei Capitolini, Roma) (Fig. 9), no es que
"compitan" con los paños del mismo color de la figura,
como apunta Moreno Villa, sino que los calcan fielmente.
Podríamos decir que el cielo es un paño plegado, y los
paños, un cielo con estratos.

En *Amor con dos dálmatas* (h. 1581, Alte Pinakothek,
Múnich) –en nuestra opinión, uno de los cuadros más
representativos de Veronese– el juego no es entre los celajes y los paños, sino entre las manchas del pelaje de los dos
perros y el follaje (Fig. 16). La fuente de inspiración del
cuadro debe de ser el *Retrato con dos perros de caza* de
Jacopo Bassano (1548-1550, Musée du Louvre), pero la
lluvia de manchas virtuales es puro Veronese. Lo menos
importante del cuadro es la supuesta alegoría de los dos
perros, que parece ser lo único que preocupa a la crítica
(Delieuvin 2009). Lo evidente, lo que salta a la vista en

cuanto uno se acerca a la obra son las salpicaduras. Son perros "estampados", como muchas de las vestimentas de Veronese.

¿Qué significan estas manchas? En *La sabiduría de los antiguos* (Londres, 1609), Francis Bacon lo explica así:

Se imagina muy ingeniosamente que la vestimenta y el abrigo de Pan [*vestis Panis et amiculum*] están hechos de piel de leopardo en razón de las manchas [*maculas*] esparcidas por todas partes: en efecto, el cielo está salpicado de estrellas, el mar de islas y la tierra de flores. Además, las cosas particulares generalmente suelen tener manchas de distintos colores [*variegatae*] en su superficie, que es como si fuera la capa [*chlamys*] de las cosas (Bacon 2014, p. 34).

Es el mundo de Veronese: manchas de colores cambiantes esparcidas por todas partes, un mar de islas. Hechos de piel de leopardo, la vestimenta y el abrigo de Pan –el *panneggiare*– son un espejo del universo.

Las limitaciones de Veronese

Si el desnudo es la esencia y el panneggiare el accidente, como sin duda es el caso, la pintura de Veronese cae del lado del accidente. Como le reprochara graciosamente Pacheco a Jacopo Bassano, "gasta más ropa que desnudo, más zapatos que pies" (1990, p. 415). La belleza de los colores cambiantes; la extravagancia y la suntuosidad de sus paños son tales, que acaparan la atención del Espectador a expensas de la *storia* y los *moti*. Tiene razón Piles al observar que en *Las bodas de Caná* (1563, Musée du Louvre), el cuadro insignia de Veronese, "Cristo, que es la figura principal del tema, [está] un poco hundido [*enfoncé*] en el cuadro" (Piles 1993, p. 63).[71] Ni Cristo se libra de los accidentes. Como explica Aretino en *L'umanità di Cristo* (1540), una de las fuentes indudables del cuadro (Fehl 1992), el tema principal del episodio bíblico de las bodas de Caná no es el banquete, el alimento corporal, sino la Palabra de Cristo, el alimento espiritual: "Quien hubiera visto de qué manera las palabras de Jesús habían atraído a las personas que cenaban, habría visto a muchas personas colgadas por las orejas de la boca de Uno que cuenta cosas de maravilla y deleite. Los sirvientes, que en la mesa ponían y elevaban los manjares y los vasos, se turbaban estúpidamente al oír lo que oían. Y el alimento más precioso que los comensales comían fueron sus dichos" (Aretino 1540, ff. 38v-39r).[72]

71. "Le Christ, qui est la principale figure du sujet, étant un peu enfoncé dans le tableau, il n'a pu le faire remarquer par le brillant du clair-obscur".

72. "Chi avesse veduto in che guisa le parole da Gesù avevano recate le genti che desinavano, avria visto molte persone appese per le orecchie alla bocca di uno che conta cose piene di maraviglia e di diletto. I servi, che in tavola ponevano elevavano le vivande e i vasi.

Veronese lo ignora y va directo a lo suyo: "Las personas más elegantes de la ciudad", "los vasos de oro y de plata pura" y "la esposa resplandeciente entre los ornamentos nupciales" (Aretino 1540, f. 38v). No tiene oído para lo espiritual y, así, no es raro que confunda el suicidio de *Lucrecia* (1580-1583, Kunsthistorisches Museum, Viena) con la *toilette* de *Venus con un espejo* (h. 1585, Joslyn Art Museum, Omaha). No tiene conciencia de la muerte. El lujo vence al luto. No tritura los masas como hacen Bernini y Maratta, pero sí la *storia*.

Por supuesto, hay excepciones –el tintorettesco *Tentación de san Antonio, Agar e Ismael en el desierto*, San Antonio predica a los peces–, pero son sólo eso: excepciones. Aunque algunos de sus últimos cuadros son más sombríos que los anteriores, en su fuero interno Veronese es un pintor decorativo; un pañero, en efecto. Boschini tiene razón en apodarlo "el tesorero de la pintura". Reparte piedras preciosas a manos llenas. Tiene un espíritu –lo dice él mismo– "deportivo".[73] "L'è come el sol –dice

Stupidamente si erano smarriti, udendo ciò che udivano. Et il più prezioso cibo che i convitati mangiassero furono i detti suoi".

73. "He fingido que vino [uno de los personajes menores que aparecen en el cuadro La cena en la casa de Leví] a ver por deporte suyo cómo van las cosas en la mesa [*ho finto che sia venuto per suo diporto a veder come vanno le cose della tola*]" (*apud* Fehl 1992, p. 238, quien reproduce íntegramente el interrogatorio). La frase "ver por deporte" o 'por pasatiempo' capta algo de la manera en la que él mismo se acerca a la pintura.

Boschini–, el qual no se vergogna / d'iluminar d'ogni fioreto el fusto".[74] No distingue entre el tronco y las ramas. Es complaciente, cosa que no se puede decir del "terrible Tintoretto" (Boschini). Siendo hijo de un humilde cantero, o por serlo, se colgó el apellido "Caliari" para codearse con la gente de alcurnia (Rosand 2009, p. 72). Vivía como un aristócrata y pensaba como un burgués: "Usaba vestimentas de calidad y zapatos de terciopelo que aún conservan sus herederos. Gobernó su familia con gran prudencia, manteniendo a sus hijos alejados de la vanidad pública y de hábitos nocivos, e instruyéndolos con piedad en el culto divino y las disciplinas morales".[75] El *panneggiare* es, al mismo tiempo, su salvación y su ruina. Le abre las puertas de la forma sin forma, el desiderátum de la pintura veneciana, pero lo condena al lujo.[76] Es verdad que sus paños son "los más extraordinarios que jamás pintó pincel alguno" (Boschini 1674, s. p.).[77] Pero confundir lo extraordinario con lo bello es un error. La embriaguez dionisíaca,

74. Ver *supra* "Vida de Paolo Caliari Veronese, pintor".

75. Ver *supra* "Vida de Paolo Caliari Veronese, pintor".

76. Sobre la forma sin forma barroca, ver Boschini: "El pintor forma sin forma, más bien con forma diforme, la forma verdadera en apariencia [il pittore forma senza forma, anzi con forma difforme, la vera formalità in apparenza]" (Boschini 1966, p. 750); y Leitão Ferreira: "La forma informe de un borrón o una mancha monstruosa [a forma informe de hum borrão o monstruosa mancha]" (1721, p. 231).

77. Ver *supra* "Paolo Caliari Veronese".

el capricho, la confusión, la oscuridad, la gracia y el azar que definen el *panneggiare* tienen poco que ver con la belleza orgánica y a menudo la contradicen de plano. Veronese "embelleció la pintura con todo tipo de pompa y ornamento" (Ridolfi 1648a, p. 332), pero descuidó el sentido.[78] Es un maestro de los pliegues sensuales con forma de S, pero la vitalidad superorgánica de los pliegues con forma de Z, "la letra del desvío", se le escapa. No sé si las pullas que su biógrafo Ridolfi lanza contra los pintores aficionados al lujo estén dirigidas a él, pero lo cierto es que le encajan bastante bien:

No se debe otorgar con ligereza, como algunos piensan, el título de preciada a aquella pintura que a veces se muestra adornada con rica pompa de colores [*con ricca pompa di colori abbellita*], ya que la dificultad de pintar bien no consiste en saber aplicar en el lienzo o en la tabla el bermellón o el azul ultramarino; y tampoco adquiere el título de excelente pintor quien va entretejiendo de gemas y cintas una cabellera [*intessendo di gemme e di nastri un crine*], o bordando un paño sedeño con labores de arabescos [*o trapuntando serico drappo con arabeschi lavori*]; ni la perfección de tan sublime arte se limita a la imitación de flores, plantas y animales; pues tales cosas sólo sirven en la composición de las

78. "Si tiene che egli abbellisse la pittura d'ogni pompa e ornamento". Ver *supra* "Vida de Paolo Calliari Veronese, pintor".

historias para aportar algún adorno, no para constituir la belleza esencial de la pintura (Ridolfi 1648b, p. 3).

Nadie sabe en qué consiste la belleza esencial de la pintura, pero es seguro que no se limita a la belleza sensual de Veronese.

Accetto, Torquato, 2005. *La disimulación honesta* (1641). Ed. y trad. de Sebastián Torres. Buenos Aires: El Cuenco de Plata.

Adeline, Jules, 1888. *Vocabulario de términos de arte.* Trad. de José Ramón Mélida. Madrid: La Ilustración Española y Americana.

Alberti, Leon Battista, 2007. *De la pintura y otros escritos sobre arte.* Ed. y trad. de Rocío de la Villa. Madrid: Tecnos.

Alberti, Rafael, 1967. *A la pintura* (1953). Segunda ed. Buenos Aires: Losada.

Aretino, Pietro, 1540. *I quattro libri de la humanità di Christo.* Venecia [?]: Bartolomeo Zanetti [?].

Bacon, Francis, 2014. *La sabiduría de los antiguos.* Ed. y trad. Silvia Manzo. Madrid: Tecnos.

Baldinucci, Filippo, 1681. *Vita del Cavaliere Gio. Lorenzo Bernino.* Florencia: Vicenzio Vangelisti.

---, 1681. *Vocabulario toscano dell'arte del disegno.* Florencia: Santi Franchi al Segno della Passione.

Barthes, Roland, 1980. *S / Z* (1970). Trad. de Nicolás Rosa. Ciudad de México: Siglo XXI.

Bellori, Giovanni Pietro, 1731. *La vita di Carlo Maratti.* En Ottavio Lioni. *Ritratti di alcuni celebi pittori del secolo XVII.* Roma: Antonio de' Rossi, pp. 147-271.

Bernis, Carmen, 2001. *El traje y los tipos sociales en el Quijote.* Madrid: Ediciones El Viso.

Blumenberg, Hans, 2003. *Paradigmas para una metaforología.* Ed. y trad. de Jorge Pérez de Tudela Velasco. Madrid: Trotta.

Bober, Jonathan, 2012. "Veronese and the Reproductive Print". En *Paolo Veronese: A Master and His Workshop in Renaissance Venice.* Ed. de Virginia Brilliant y Frederick Ilchman. Londres: Scala Publishers, Ltd., pp. 208-221.

Boerio, Giuseppe, 1867. *Dizionario del dialetto veneziano*. Tercera edición. Venecia: Reale Tipografia di Giovanni.

Bordignon Favero, Elia, 1994. *Giovanni Battista Volpato, critico e pittore*. Treviso: De'Longhi.

Boselli, Orfeo, 1978. *Osservazioni della scoltura* [sic] *antica* (h. 1657). Ed. de Phoebe Dent Weil. Florencia: S.P.E.S.

Boschini, Marco, 2000. "From The Rich Mines of Venetian Painting". En *Art Theory, 1648-1815: An Anthology of Changing Ideas*. Ed. y trad. de Charles Harrison, Paul Wood y Jason Gaiger. Malden, Massachusetts: Blackwell Publishers Ltd., pp. 171-175.

---, 1966. *La carta del navegar pitoresco*. Ed. de Anna Pallucchini. Venecia: Istituto per la Collaborazione Culturale.

---, 1674. *Le ricche minere della pittura veneziana*. Segunda ed. ampliada Venecia: Francesco Nicolini.

Boucher, François, 2009. *Historia del traje*. Ed. de Yvonne Deslandres, S. H. Aufrère y otros. Barcelona: Gustavo Gil.

Brilliant, Virginia y Frederick Ilchman, eds. *Paolo Veronese: A Master and His Workshop in Renaissance Venice*. Londres: Scala Publishers, Ltd., 2012.

Corominas, Joan & José A. Pascual, 1991. *Diccionario crítico etimológico castellano e hispánico*. Tercera reimpresión. Madrid: Gredos.

Covarrubias, Sebastián de, 1995. *Tesoro de la lengua castellana o española* (1611). Ed. de Felipe C. R. Maldonado. Madrid: Castalia.

Dal Pozzolo, Enrico Maria, 2014. *Marco Boschini. L'epopea della pittura veneziana nell'Europa barocca*. Treviso: Zel Edizioni.

Deleuze, Gilles, 2006. *Exasperación de la filosofía*. Trad. del Equipo Editorial Cactus. Buenos Aires: Cactus.

---, 1989. *El pliegue. Leibniz y el barroco*. Trad. de José Vázquez y Umbelina Larraceleta. Barcelona: Paidós.

---, 1988. *Mil mesetas: capitalismo y ezquizofrenia*. Trad. de José Vázquez Pérez con la colaboración de Umbelina Larraceleta. Valencia: Pre-Textos.

Delieuvin, Vincent, 2009. "The Dog on Canvas: The Emergence of a

New Genre". En *Titian, Tintoretto, Veronese: Rivals in Renaissance Venice*. Ed. de Frederick Ilchman. Boston: Museum of Fine Arts, pp. 237-239.

De Passe, Crispijn van, 1643-1644. *La prima-[quinta] parte della luce del dipingere et disegnare*. Ámsterdam: Jan Jansz. Disponible en: <https://www.lexart.fr/sources/view/2941>.

Der Grinter, Ever F. van, 1962. "Le cachalot et le mannequin". *Netherlands Yearbook for History of Art*, 13, 1, pp. 149-152.

Diccionario de Autoridades, 2002. Ed. facsímil. 3 tomos. Madrid: Gredos.

Dolce, Lodovico, 2010. *Diálogo de la pintura*. Ed. y trad. de Santiago Arroyo Esteban. Madrid: Akal.

Doni, Anton Francesco, 1549. *Disegno del Doni*. Venecia: Gabriel Giolito.

Duits, Rembrandt, 2012. "'Abiti gravi, abiti stravaganti': Veronese's Creative Approach to Drapery". En *Paolo Veronese: A Master and His Workshop in Renaissance Venice*. Ed. de Virginia Brilliant y Frederick Ilchman. Londres: Scala Publishers, pp. 59-69.

Faria y Sousa, Manuel de, 1644. *Fuente de Aganipe, o Rimas varias*. Parte segunda. Madrid: Juan Sánchez.

Faure, Elie, 1920. *L'Art moderne*. París: Crès & Cie.

Fehl, Philipp P., 1992. "Veronese and the Inquisition". En *Decorum and Wit: The Poetry of Venetian Painting*. Viena: IRSA, pp. 223-260.

Ferreira de la Cerda, Bernarda, 1634. *Soledades de Buçaco*. Lisboa: Mathias Rodrigues.

Gisolfi, Diana, 2017. *Paolo Veronese and the Practice of Painting in Late Renaissance Venice*. New Haven: Yale UP.

Gómez de la Serna, Ramón, 1918. *Muestrario*. Madrid: Biblioteca Nueva.

Góngora, Luis de, 1994. *Soledades*. Ed. de Robert Jammes. Madrid: Castalia.

Gottlieb, Lisa, 2008. *Graffiti Art Styles*. Londres: McFarland.

Gracián, Baltasar, 1993. *Obras completas*. Ed. de Emilio Blanco. Vol.

2. Madrid: Turner.

Grassi, Luigi, 2003. "Panneggio, panneggiare, pannegiamenti, panni". En Luigi Grassi y Mario Pepe. *Dizionario di arte*. Turín: UTET, pp. 560-563.

Halicarnaso, Dionisio de, 2005. *Tratados de crítica literaria*. Ed. y trad. de Juan Pedro Oliver Segura. Madrid: Gredos.

Hegel, Georg W. F., 1989. *Lecciones sobre la estética*. Trad. de Alfredo Brotóns Muñoz. Madrid: Akal.

Huergo Cardoso, Humberto, 2021. *Con tan grande furia. Escritos sobre Tintoretto, 1545-1780*. Madrid: Casimiro.

Ilchman, Frederick, ed., 2009. *Titian, Tintoretto, Veronese: Rivals in Renaissance Venice*. Boston: Museum of Fine Arts.

Jiménez, Juan Ramón, 1918. *Eternidades*. Madrid: s. e.

Junius, Franciscus, 1991. *The Painting of the Ancients* (1694). En *The Literature of Classical Art*. Ed. de Keith Aldrich, Philipp Fehl y Raina Fehl. Traducido del latín por el propio autor. Tomo 1. Berkeley: The University of California Press, 1991.

Lanzi, Luigi. *Storia pittorica della Italia*. Bassano del Grappa: Giuseppe Remondini e Figli, 1809.

Leibniz, Gottfried W., 2021. *Nuevos ensayos sobre el entendimiento humano*. Ed. y trad. de Javier Echevarría Ezponda. Segunda ed. Madrid: Alianza.

---, 1921. *Nouveaux essais sur l'entendement humain*. París: Flammarion.

Leitão Ferreira, Francisco, 1721. *Nova arte de conceitos*. Tomo 2. Lisboa: Antonio Pedrozo Galram.

Lessicografia della Crusca in rete. Disponible en: http://new.lessicografia.it/.

Lezama Lima, José, 2012. *Escritos de estética*. Ed. de Pedro Aullón de Haro. Segunda ed. Madrid: Dykinson.

Lomazzo, Giovanni Paolo, 1585. *Trattato dell'arte della pittura, scultura et architettura*. Milán: Paolo Gottardo Pontio.

Lorente Junquera, Manuel, 1969. "Sobre Veronés en el Prado".

Archivo Español de Arte, 42, pp. 235-243.

Mander, Karel van, 2008. *Principe et fondement de l'art noble et libre de la peinture*. Ed. y trad. de Jan Willem Noldus. París: Les Belles Lettres.

---, 2004. *Het schilder-boeck*. Edición digital de la bibliotheek de Nederlandse letteren (dbnl). Disponible en: https://www.dbnl.org/tekst/mand001schi01_01/downloads.php.

---, 2000. *Le vite degli illustri pittori fiamminghi, olandesi e tedeschi*. Ed. y trad. de Ricardo de Mambro Santos. Roma: Apeiron.

Melion, Walter, ed., 2022. *Karel van Mander and his Foundation of the Noble, Free Art of Painting*. Trad. de Walter Melion. Leiden: Brill.

Moreno Villa, José, 2021. *Jacinta la Pelirroja*. Ed. de Humberto Huergo Cardoso. Barcelona: Anthropos.

---, 2011. *Memoria*. Ciudad de México: El Colegio de México / Publicaciones de la Residencia de Estudiantes.

---, 2010. *Medio mundo y otro medio. Memorias escogidas*. Ed. de Humberto Huergo Cardoso. Valencia: Pre-Textos.

---, 2001. *Temas de arte*. Ed. de Humberto Huergo Cardoso. Valencia: Pre-Textos.

---, 1998. *Poesías completas*. Ed. de Juan Pérez de Ayala. Ciudad de México: El Colegio de México / Publicaciones de la Residencia de Estudiantes.

---, 1953. "En el mundo suntuoso y poblado de Pablo Veronés". *México en la Cultura*, 2 de agosto.

Norgate, Edward, 1919. *Miniatura, or the Art of Limning*. Ed. de Martin Hardie. Oxford: Clarendon Press.

Ormaza, José de (Gonzalo Pérez de Ledesma), 1985. *Censura de la elocuencia* (1648). Ed. de Giuseppina Ledda y Vittoria Stagno. Madrid: El Crotalón.

Pacheco, Francisco, 1990. *Arte de la pintura*. Ed. de Bonaventura Bassegoda i Hugas. Madrid: Cátedra.

Palomino de Castro, Antonio, 2008. *Vida de don Diego Velázquez de Silva*. Ed. de Miguel Morán Turina. Madrid: Akal.

---, 1988. *El museo pictórico y escala óptica*. Segunda ed. 2 tomos. Madrid: Aguilar.

---, 1986. *Vidas*. Ed. de Nina Ayala Mallory. Madrid: Alianza.

Paravicino, Fray Hortensio, 2009. *La Gridonia*. Ed. de Manuel Calderón. Madrid: CSIC.

Pérez Sánchez, Alfonso Emilio, 1990. "Veronese e la Spagna nel Seicento." En *Nuovi studi su Paolo Veronese*. Ed. de Massimo Gemin. Venecia: Arsenale, pp. 94-107.

Pignatti, Terisio & Filippo Pedrocco, 1995. *Veronese. L'opera completa*. 2 vols. Milán: Electa.

Piles, Roger de, 1993. *L'Idée du peintre parfait*. Introd. de Xavier Carrère. París: Gallimard.

---, 1989. *Cours de peinture par principes*. Introd. de Jacques Thuillier. París: Gallimard.

---, 1736. *L'Idée du peintre parfait*. Amsterdam: François L'Honoré.

---, 1694. *Dialogue sur le coloris*. París: Nicolas Langlois.

---, 1699. *Abrégé de la vie des peintres*. París: Charles de Sercy.

Puppi, Lionello, 2007. "Paolo Veronese in Spagna". *Artibus et Historiae*, 28, 55, pp. 67-72.

Quevedo, Francisco de, 2021. *Poesía completa*. Ed. de Alfonso Rey y María José Alonso. 2 tomos. Barcelona: Castalia.

Ridolfi, Carlo, 1648a. *Le maraviglie dell'arte*. Tomo 1. Venecia: Giovanni Battista Sgava, 164

---, 1648b. *Delle maraviglie dell'arte*. Tomo 2. Venecia: Giovanni Battista Sgava.

Rosand, David, 2012. "Paolo Caliari: A Veronese Painter Triumphant in Venice". En *Paolo Veronese: A Master and His Workshop in Renaissance Venice*. Ed. de Virginia Brilliant y Frederick Ilchman. Londres: Scala Publishers, Ltd., pp. 15-29.

---, 2009. "Tintoretto y Veronese: Style, Personality, Class". En *Jacopo Tintoretto. Actas del Congreso Internacional Jacopo Tintoretto*. Ed. de Miguel Falomir. Madrid: Museo Nacional del Prado, pp. 72-76.

Ruiz Gómez, Leticia, 1991. "Catálogo de Veronés". En *Catálogo de pintura veneciana histórica en el Real Monasterio de El Escorial*. Madrid: Editorial Patrimonio Nacional, pp. 115-157.

---, 1987. "Cristo acompañado por los Padres del Limbo visita a su Madre, de Veronés, en el Monasterio de El Escorial". *Boletín del Museo e Instituto Camón Aznar*, 29 (1987), pp. 45-48.

Ruiz Manero, José María, 2005. "Observaciones sobre algunas obras de Pablo Veronés y de sus seguidores en España (Alvise Benfatto del Friso, Michele Parrasio)". *Archivo Español de Arte*, 78, 309, pp. 45-58.

---, 2002. "Observaciones sobre algunas obras de Pablo Veronés y de sus seguidores en España (I. Pablo Veronés)". *Archivo Español de Arte*, 75, 297, pp. 5-21.

---, 2000. "Un descendimiento de Pablo Veronés y de su hijo Carletto en El Escorial". *Archivo Español de Arte*, 73, pp. 165-171.

Ruskin, John, 1903. *The Works of John Ruskin*. Vol. 3. Ed. de Edward Tyas Cook y Alexander Wedderburn. Londres: George Allen.

Salomon, Xavier F., ed., 2014. *Lives of Veronese: Vasari, Borghini, Ridolfi*. Introd. y trad. de Xavier F. Salomon. Londres: Pallas Athene.

Scannelli, Francesco, 2015. *Il microcosmo della pittura* (1657). Ed. de Eliana Monaca. Roma: Università degli Studi di Roma "Tor Vergata".

Stevens, John, 1706. *A New Spanish and English Dictionary*. Londres: Three Flower-de-Luces.

Thornton, Joy, 1990. "Paolo Veronese and the Choice of Colors for a Painting". En *Nuovi studi su Paolo Veronese*. Ed. de Massimo Gemin. Venecia: Arsenale, pp. 149-165.

Valéry, Paul, 2005. *Piezas sobre arte*. Trad. de José Luis Arántegui. Segunda ed. Madrid: A. Machado Libros.

---, 1962. "De la ressemblance et de l'art" (1939). En *Écrits sur l'art*. Ed. de Jean-Clarence Lambert. París: Gallimard, pp. 224-229.

Vinci, Leonardo da, 2017. *El libro del agua*. Ed. y trad. de Patxi Lanceros & Juan Barja. Madrid: Abada.

---, 2006. *Trattato della pittura*. Ed. electrónica de Angelo Borzelli. Lanciano: G. Carabba. Disponible en: https://liberliber.it/autori/ autori-l/leonardo-da-vinci/trattato-della-pittura/.

Vittori, Giacomo, 1609. *Tesoro de las tres lenguas, francesa, italiana y española*. Ginebra: Philippe Albert & Alexander Pernet.

Wald, Robert, 2009. "Materials and Techniques of Painters in Sixteenth-Century Venice". En *Titian, Tintoretto, Veronese: Rivals in Renaissance Venice*. Ed. de Frederick Ilchman. Boston: Museum of Fine Arts, pp. 73-81.

Worringer, Wilhelm, 1975. *Naturaleza y abstracción* (1908). Trad. de Mariana Frenk. Segunda reimpresión. Ciudad de México: FCE.

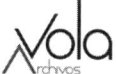

Guillaume Apollinaire:
Marie Laurencin

Juan Fco Pastor Paris:
Expresionismo

Frederic Chordá:
La Venus de Botticelli

José Nicolás de Azara:
Antonio Rafael Mengs

Piet Mondrian:
La pureza de la pintura

Margarita Nelken:
Tres tipos de Vírgenes: Fra Angelico, Rafael y Alonso Cano

D. H. Lawrence:
Cézanne, la manzana y la verdad

Alicia Rodés Vilà:
Pieter Bruegel El Viejo

Frank G. Rubio:
Salvator Rosa

William Blake:
El libro de Urizen

César Barrio:
Lo que no se ve: contenido de la obra de arte

María Laffitte:
María Blanchard

Yves Bonnat:
Suzanne Valadon